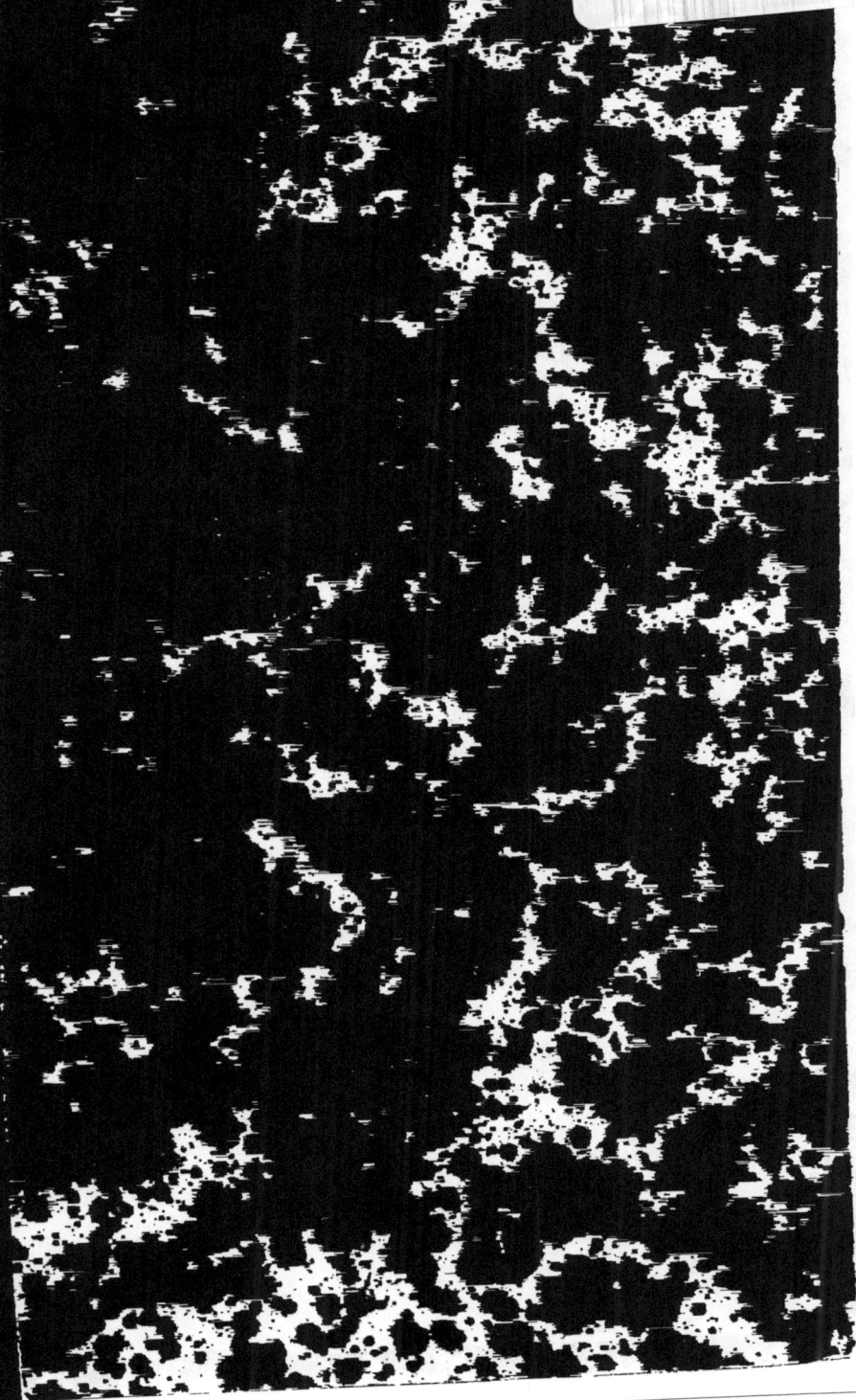

LA VIE
DE SAINT SACERDOS.

PÉRIGUEUX, IMPRIMÉRIE BOUCHARIE ET C.ᵉ.

LA VIE

DE

SAINT SACERDOS

ÉVÊQUE DE LIMOGES,

ET PATRON DE L'ANCIEN DIOCÈSE DE SARLAT,

DÉDIÉE

A Mgr N.-J. DABERT,

ÉVÊQUE DE PÉRIGUEUX ET DE SARLAT,

PAR

A.-B. PERGOT,

Curé de Terrasson.

———

Il a été grand selon le nom qu'il
portait, et très-grand pour sauver les
élus de Dieu. (*Ecclés* , *ch. 46, v. 1;
dans l'Office de saint Sacerdos.*)

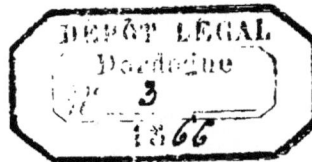

PÉRIGUEUX,

LENTEIGNE, LIBRAIRE; | BOUNET, LIBRAIRE,

ET A TERRASSON, CHEZ L'AUTEUR.

1865

A MGR N.-J. DABERT,

Évêque de Périgueux et de Sarlat.

———

Monseigneur,

Vos deux illustres prédécesseurs, Mgr George et Mgr Baudry, dont vous aimez à vénérer avec nous la mémoire, avaient bien voulu encourager mes études sur les saints de notre Périgord. Et vous-même, Monseigneur, vous n'étiez pas encore parmi nous, et vous m'adressiez à ce sujet les paroles les plus flatteuses; puis vous citiez la vie de notre glorieux Apôtre, et inscriviez mon nom dans cette admirable *Lettre pastorale* qui précédait votre entrée dans le diocèse et y préparait si bien votre voie.

De tels encouragements ne me permettaient pas de laisser l'œuvre inachevée. Je l'ai poursuivie, et je suis heureux d'offrir aujourd'hui à Votre Grandeur LA VIE DE SAINT SACERDOS, ÉVÊQUE DE LIMOGES ET PATRON DE L'ANCIEN DIOCÈSE DE SARLAT. Je prie Votre Grandeur de l'agréer comme un humble témoignage de ma filiale affection et de mes sentiments les plus respectueux et les plus dévoués.

Je serai toujours de Votre Grandeur,

Monseigneur,

le très-humble et très-obéissant serviteur.

A. PERGOT,

Curé de Terrasson.

Terrasson, le 10 avril 1865.

APPROBATION DE Mgr N.-J. DABERT,

ÉVÊQUE DE PÉRIGUEUX ET DE SARLAT.

————

Nous avons parcouru avec édification la *Vie de saint Sacerdos*, par M. l'abbé Pergot, curé de Terrasson.

Le pieux auteur s'applique depuis longtemps à recueillir nos traditions religieuses et à mettre en lumière les gloires de notre Eglise : nous applaudissons de tout notre cœur à ce dessein ; nul autre n'est plus propre à occuper les courts loisirs du ministère pastoral.

En écrivant la *Vie de saint Sacerdos*, M. l'abbé

Pergot s'est particulièrement inspiré du désir d'édifier le prochain. Son style a la simplicité qui convient au sujet, et les pieuses légendes qui s'y rattachent sont racontées avec une naïveté touchante.

Nous ne doutons pas que le nouvel ouvrage ne soit accueilli par les familles chrétiennes aussi favorablement que les précédents écrits du même auteur.

Périgueux, le 27 juin 1865.

† N.-JOSEPH, *évêque de Périgueux et de Sarlat.*

INTRODUCTION.

1° En quel temps vivait saint Sacerdos.

2° Quels documents nous avons eus pour écrire
sa vie.

Après avoir donné successivement au clergé
et aux fidèles du Périgord *La Vie de saint Sour,*
le patron de notre paroisse, et *La Vie de saint
Front,* le disciple de Jésus-Christ, l'envoyé de
S. Pierre et le premier évêque de Périgueux (1),

---

(1) Depuis la publication de notre ouvrage sur saint Front,
son Apostolat au 1er siècle a été le sujet d'assez vives discussions. Non-seulement on a nié à notre Apôtre ses titres de
disciple de Jésus-Christ, d'envoyé de saint Pierre, de premier

nos études hagiologiques nous ont conduit tout naturellement à écrire LA VIE DE SAINT SACERDOS, le patron de la ville et de l'ancien diocèse de Sarlat. Fasse Dieu que ce troisième volume soit reçu avec la même faveur que les deux premiers, et contribue à ressusciter parmi nous le culte des saints de notre pays, un peu trop oubliés! C'est le but que nous nous sommes proposé ; un hagiographe qui se respecte ne saurait en avoir d'autre.

Avant de commencer le récit des *Actes* de saint Sacerdos, nous avons besoin de bien préciser l'époque où il a vécu ; car les hagiographes

évêque de Périgueux, mais encore sa qualité d'évêque. On a voulu en faire un simple moine, vivant dans le ve siècle. Des réponses nettes, précises, excluant tout doute, ont été faites aux prétendues découvertes d'une science dévoyée, aux arguments d'une logique jusqu'à ce jour inconnue ; et, pour tout esprit qui raisonne, saint Front reste le disciple de Jésus-Christ, l'envoyé de saint Pierre, le premier évêque de Périgueux. (Voir l'APPENDICE, à la fin de ce volume.)

qui nous ont précédé sont loin de s'accorder sur ce sujet. Les uns placent notre Saint au ve siècle, d'autres au vi^e, plusieurs à la fin du viie et au commencement du viiie. Baluze, l'illustre historien de Tulle, a traité cette question longuement et comme *ex professo,* dans une savante dissertation, adressée à Pierre de Marca, archevêque de Toulouse, et il nous semble l'avoir résolue dans le sens le plus vrai, du moins le plus probable. Il fait naître saint Sacerdos dans la seconde moitié du viie sièele et le fait mourir dans la première moitié du viiie. Il est d'accord avec le Catalogue des évêques de Limoges (1), qui place notre Saint entre les évêques Aggéricus et Ausindus, c'est-à-dire depuis 713 jusqu'à 720. Les hagiographes, qui font vivre saint Sacerdos dans le ve ou dans le vi^e siècle, ne se sont pas préoc-

(1) Le *Catalogue des Evêques de Limoges,* a été récemment réédité et augmenté par le savant M. Arbellot, curé de Rochechouart.

cupés de lui trouver une place dans ce Catalogue;
leurs assertions eussent été moins affirmatives.
Ils ont été induits en erreur par quelques passa-
ges, mal compris, de la vie même de saint Sacerdos.

Ainsi, dit Baluze, ils ont trouvé dans les légendes que saint Sacerdos vivait du temps du
roi Clovis, sans désignation de nombre, et ils
ont pensé qu'il ne pouvait pas être question d'un
autre Clovis que du premier roi de ce nom, qui
fut baptisé par saint Remi, évêque de Reims, et
ils ont ajouté au nom de Clovis les mots caracté-
riques : *Quem beatus Remigius, Remensis episco-
pus, baptizavit.* Baluze établit ensuite qu'il faut
entendre par ce Clovis le troisième roi de ce
nom, qui régna de 691 à 695. A cette dernière
date, saint Sacerdos pouvait être âgé de vingt-
cinq ans.

Ces mêmes hagiographes conviennent que
saint Sacerdos succéda, sur le siége épiscopal de

Limoges, à Aggéricus. Or, d'après le Catalogue que nous avons cité, Aggéricus, qui ne siégea que quelques mois, succéda à Rusticus, mort en 712.

On objecte encore le passage suivant de la légende de saint Sacerdos : « Longtemps après » la mort de saint Sacerdos, sainte Mondane, » sa mère, priant sur le tombeau de son fils et » le baignant de ses larmes, fut martyrisée » par les Vandales. » Or, dit-on, les Vandales ravagèrent les Gaules en l'année 406; comment donc la mère de saint Sacerdos vivait-elle dans la première moitié du viiie siècle?

Remarquons d'abord l'impossibilité avec la date 406, donnée au martyre de sainte Mondane, de faire vivre saint Sacerdos sous le règne de Clovis 1er qui mourut en 511, âgé seulement de 43 ans.

Cette observation faite, nous disons que ce

n'est pas une fois seulement que les Vandales ont ravagé les Gaules, mais plusieurs fois et, particulièrement, en l'année 735, du temps de Charles-Martel; or, à cette dernière date, il y avait quinze ans que saint Sacerdos était mort.

Remarquons encore que la légende, en parlant du martyre de sainte Mondane, dit simplement : *Sub Vandalicâ persecutione,* sans donner de date; on ne peut donc pas dire qu'elle soit en désaccord avec la date que nous donnons à l'épiscopat et à la mort de saint Sacerdos. On sait que cette dernière irruption des Vandales fut marquée par la destruction des églises, des monastères et par le massacre des chrétiens; ce qui donnerait toute possibilité au martyre de sainte Mondane. Mais, comme le dit Baluze, le mot *Vandale* est un terme générique que les anciens auteurs ont souvent employé pour désigner les peuples barbares qui, à diverses époques, du ve au xe siècle, désolèrent la France et

principalement l'Aquitaine; ce qui nous autorise
à suivre l'opinion du P. Le Cointe, qui fait mar-
tyriser sainte Mondane par les Sarrasins en 722,
deux ans après la mort de saint Sacerdos.

On objecte, enfin, que saint Sacerdos, ayant
eu pour maître Capuan, évêque de Cahors, n'a
pu vivre dans le vii⁰ siècle, encore moins dans
le viii⁰, puisque, d'après le Catalogue des évêques de Cahors, Capuan florissait dans le v⁰.

Il faut remarquer, comme le font les Bollandistes, que c'est uniquement par la légende de
saint Sacerdos que l'on sait qu'il exista un évêque
de Cahors du nom de Capuan. Par suite, il n'a été
admis dans le Catalogue, comme évêque du v⁰
siècle, qu'à cause de la mention qu'en fait la
légende qui, à tort, place saint Sacerdos dans
ce même siècle. Il faut donc, comme le dit
Baluze, corriger le Catalogue des évêques de
Cahors, qui fait vivre Capuan vers l'année 440,
pour la seule raison qu'il fut le maître de saint

Sacerdos, et lui faire commencer son épiscopat
vers l'année 660. C'est aussi l'opinion du *Gallia-
Christiana*.

Baluze, dans sa dissertation, donne encore
d'autres preuves à l'appui de l'opinion que nous
venons d'exposer ; nous ne croyons pas utile de
les rapporter. Du reste, Baluze n'est pas le seul
à soutenir que saint Sacerdos vivait dans la seconde moitié du viie siècle et dans la première
moitié du viiie ; il a pour lui Autesserre, Le
Cointe, le P. Labbe, le P. Bonaventure de Saint-
Amable et autres, et nous avons dit qu'il était
d'accord avec le Catalogue des évêques de Limoges.

Un mot maintenant sur l'authenticité de la
légende qui a servi de thème à notre travail.

Cette légende a pour auteur le moine Hugues
de Sainte-Marie, du monastère de Fleuri, qui
l'écrivit dans les premières années du xiie siècle,

en 1107 ou 1108. Elle a été éditée et enrichie de notes par les Bollandistes, et, en dernier lieu, reproduite intégralement par M. l'abbé Migne, dans le 163e volume de sa Patrologie. Mais, Hugues de Sainte-Marie n'est pas le premier légendaire qui ait écrit la vie de saint Sacerdos. Déjà, dès le ixe siècle, les *Actes* de notre Saint avaient été écrits dans l'idiome vulgaire, probablement la langue romane, qui était en usage dans les provinces conquises par les Romains. Hugues, lui-même, nous parle de ces *Actes* ainsi écrits en langue vulgaire, et nous apprend qu'ils lui furent remis par Arnould, Abbé du monastère de Sarlat. Il nous dit aussi que, d'après les conseils de ce même Abbé, il n'a pas cherché à faire une traduction littérale de cette première *Vie* du Saint; il n'en a reproduit que le sens, en lui donnant toute l'élégance de l'idiome latin.

Cette vie, ainsi écrite par le moine de Fleuri,

fut remise aux Bollandistes par Armand Gérard,
chanoine de l'église de Sarlat, homme d'une
grande érudition; il l'avait extraite d'un ancien manuscrit ayant pour titre : *De Vitis Sanc-
torum.* Elle était aussi reproduite intégralement
dans l'ancien Bréviaire de Sarlat et formait les
leçons de l'office du jour de la fête du Saint et
les leçons de l'office du jour de l'Octave, comme
c'était, du reste, l'usage dans tous les Bréviaires, avant la publication du Bréviaire Romain
par le Pape S. Pie V. Le chanoine Gérard possédait aussi cette même légende écrite dans l'i-
diome vulgaire, c'est-à-dire dans le patois Sarladais; elle n'était qu'une traduction littérale du
latin de Hugues de Sainte-Marie.

On trouve la même *Vie de saint Sacerdos,*
mais abrégée, dans le *Sanctoral* de Bernard
Guidon ou Laguionie, dans le P. Labbe et dans
Baluze, à la suite de la dissertation dont nous
avons parlé.

Nous nous sommes donc inspiré du travail de
Hugues de Sainte-Marie. Nous aurions pu nous
contenter de le traduire littéralement ; nous avons
pensé qu'il valait mieux faire une œuvre nouvelle, nouvelle pour la forme sinon pour le fond.
Une traduction, quelque exacte et élégante
qu'elle soit, est toujours faible, comparée au
texte original ; et puis, en ne faisant qu'une traduction, il nous eût fallu surcharger le bas de
nos pages de notes explicatives, toujours fa-
tigantes pour le lecteur. Nous avons voulu éviter cet inconvénient.

Nous avons inséré à la suite de cette *Vie* le
Catalogue des Abbés du monastère de Sarlat, et
le Catalogue des évêques qui ont occupé le siége
de cette ville. Ce dernier est complet, le premier
ne commence qu'au xe siècle. Il est tel que le
donnent le *Gallia christiana* et les Bollandistes.

Si Dieu nous le permet, nous ajouterons, plus

tard, à cette *Vie de saint Sacerdos*, une Notice historique *sur l'Abbaye et le Siége épiscopal de Sarlat.* Ce sera l'histoire religieuse, des plus intéressantes mais peu connue, de notre Sarladais.

LA VIE

DE

SAINT SACERDOS

ÉVÊQUE DE LIMOGES,

PATRON DE LA VILLE ET DU DIOCÈSE

DE SARLAT.

———

> Il a été grand selon le nom qu'il portait, et très-grand pour sauver les élus de Dieu. (*Ecclés.*, *ch. 46, v. 1*; dans *l'Office de saint Sacerdos.*)

I.

Comment saint Sacerdos naquit à Calviac,
et comment il y fut baptisé.

Saint Sacerdos naquit en l'an 670 (1), sur les

---

(1) C'est la date que donne le P. Bonaventure de Saint-Amable (*Annal. du Lim.*, page 261), d'accord, en cela, avec l'historien Baluze.

bords de la Dordogne, en un lieu appelé Calviac, et désigné sous le nom de *Calabre* dans les
anciennes chroniques, à quelques lieues seulement de la ville de Sarlat. Laban, son père, et
Mondane, sa mère, étaient originaires de Bordeaux et occupaient un rang distingué entre les
familles les plus éminentes de cette ville; mais,
hâtons-nous de le dire, ils étaient plus remarqua-
bles encore par leur piété et leur zèle pour la
gloire de Dieu et l'exaltation de la sainte Église.
La plus grande et la plus solide illustration, dont
le temps n'obscurcit jamais l'éclat, sera toujours
celle que donne la vertu. Aussi, l'histoire n'a que
constaté le fait de cette illustre origine de notre
Saint, alors qu'elle a conservé tous les détails de
ses œuvres de bienfaisance et des miracles que
Dieu a bien voulu opérer par son intervention.
Le reflet de la gloire du fils a rejailli sur le père
et sur la mère, et l'on peut dire qu'en fait d'illustration, ils ont plus reçu de leur fils qu'ils ne
lui ont donné. Disons, cependant, que Mondane

a mérité par un glorieux martyre d'avoir son
nom inscrit dans les diptyques sacrés. L'Église
lui a élevé des autels comme elle en a élevé à
son fils. Du reste, nous aurons lieu d'en parler,
car nous n'entendons pas séparer dans cet ouvrage la mère du fils ; en racontant la vie de l'un,
nous raconterons la vie de l'autre. Laban lui-
même y trouvera une place honorable pour ses
vertus et sa sainteté, quoique l'Église ne l'ho-
nore pas d'un culte public. Nous admirerons
surtout sa mort, qu'un miracle illumine, et qui
fut si précieuse aux yeux du Seigneur (1).

A cette époque, l'Aquitaine avait pour duc ou
gouverneur Anticius ou Anicius, auquel les chroniques donnent le titre de *roi*, mais qui n'avait
en réalité que l'autorité de gouverneur, sous la
domination des rois de France.

(1) Les Bollandistes dans le préambule de la *Vie de saint
Sacerdos*, citent un *manuscrit* de 1542, appartenant au doyen
de Sarlat, dans lequel Laban est qualifié du titre de *Bienheureux*.

Anicius avait de grandes possessions dans la province des Pétrocoriens; il voulut les visiter, Laban et Mondane l'y accompagnèrent. Quelques auteurs disent qu'Anicius y conduisit son armée, sans doute à cause des guerres dont l'Aquitaine était le fréquent théâtre à cette époque.

Ayant donc remonté le cours de la Dordogne, Anicius s'arrêta avec ses illustres amis dans le village de Calabre, sur les frontières des Pétrocoriens et des Cadurques. Ce ne fut pas sans un dessein spécial de la providence de Dieu, qui avait résolu d'honorer ce pays par la naissance d'un grand saint. En effet, peu de temps après, Mondane mit au monde son premier-né. L'heureux Laban célébra la naissance de son fils par de ferventes actions de grâces; il remercia Dieu du bienfait qu'il lui accordait, et qui était depuis longtemps l'objet de ses prières et de ses désirs; et, se rendant ensuite auprès du gouverneur, il lui dit : « Seigneur, s'il vous était agréable

» d'honorer votre serviteur d'une faveur insigne,
» j'oserais vous prier de retirer de la fontaine
» sacrée du baptême le fils que Dieu vient de
» m'accorder. » Et Anicius, heureux de s'associer au bonheur d'une famille qu'il aimait, dit
à Laban : « Si vous me présentez votre fils, je
ferai ce que vous me demandez. » Et Laban ne
tarda pas à présenter son fils à Anicius, et il lui
dit : « Seigneur, voilà le fils que Dieu m'a
donné, et que vous avez promis de retirer de la
fontaine sacrée du baptême. » Et le fils de Laban
et de Mondane fut baptisé, et il reçut le nom de
Sacerdos, en prévision, dit le légendaire, de ce
qu'il serait un jour, dans l'Eglise, un prêtre
éminent et un saint évêque (1).

Nous l'avons dit ailleurs, un nom chez les anciens était souvent une prophétie et comme un
résumé anticipé d'une vie tout entière. Le nom

---

(1) Quelques auteurs ont écrit *Sardos* et même *Sadroc.*

de *prêtre*, donné à notre Saint, résume une vie
de charité, de dévouement, d'abnégation, de
sacrifice, de zèle pour la gloire de Dieu et le
salut de ses frères.

Anicius se montra généreux envers l'enfant
dont il était devenu le père spirituel. Il lui donna
en propriété le village de Calabre, avec les terres
qui en dépendaient, pour qu'il pût en jouir, les
gouverner et les transmettre à ses successeurs.
Nous verrons, plus tard, l'usage que saint Sacerdos faisait de ses immenses richesses et comment il sut s'en dépouiller, pour se faire pauvre
et l'humble serviteur des pauvres.

Nous devons le faire observer ici; c'est à
tort que quelques légendes, et le Catalogue
même des évêques de Limoges, font naître saint
Sacerdos à Bordeaux. Sa famille était bien ori-
ginaire de cette ville, mais comment explique-
rait-on les circonstances de son baptême et la
donation que lui fit Anicius de la terre de Ca-

labre, si Sacerdos n'avait pris naissance en ce
même lieu? Les traditions de l'église de Sarlat,
consignées dans la liturgie de cet ancien diocèse,
sont d'accord sur ce point avec l'histoire. Nous
pouvons donc affirmer, en toute assurance, que
saint Sacerdos naquit dans le Périgord, et notre
terre peut se glorifier d'avoir produit cette belle
fleur, dont le parfum fut si suave, qu'il nous permet, après onze siècles, de reconnaître les traces
de l'humble moine de Calviac et du saint évêque
de Limoges.

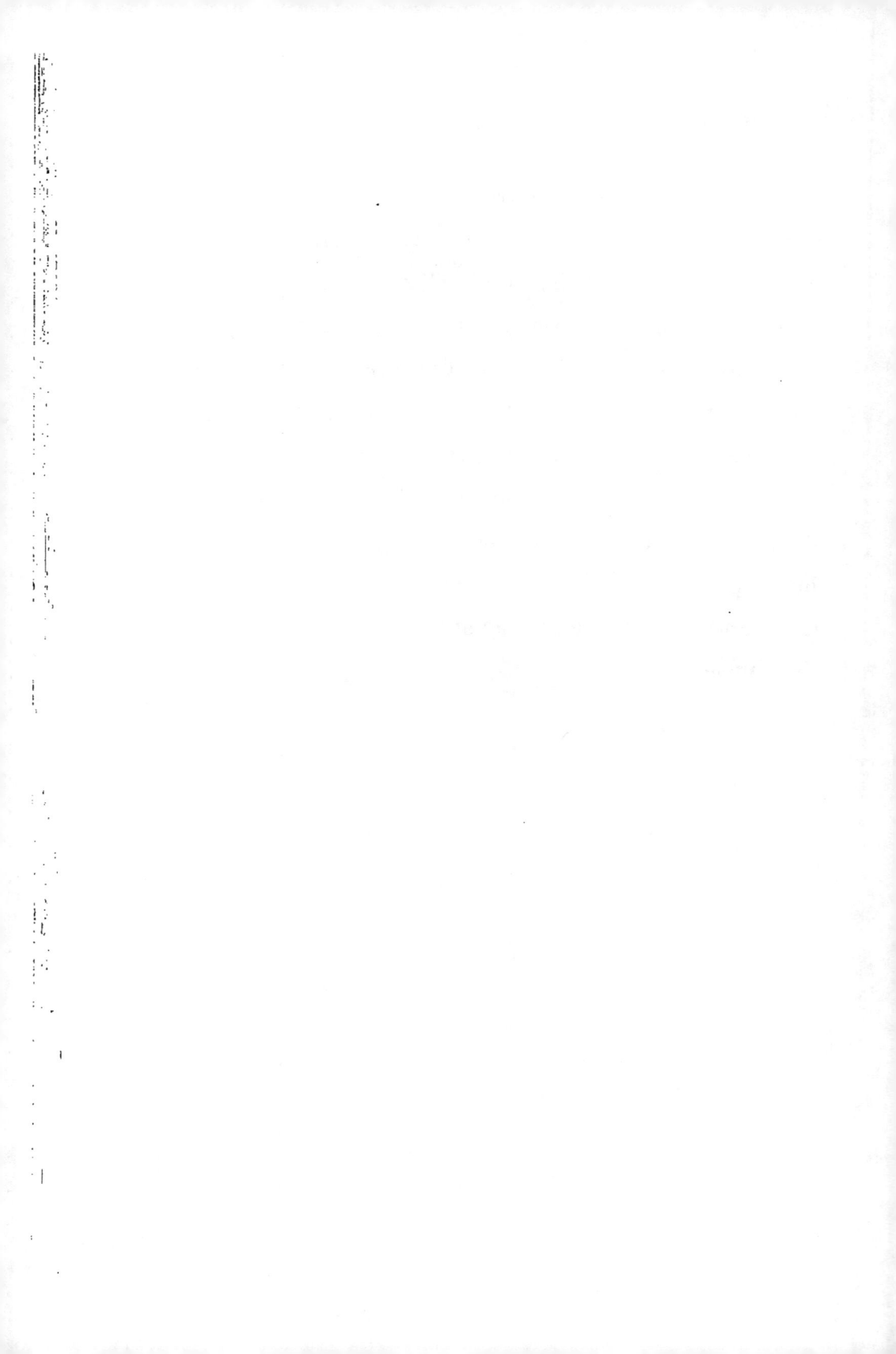

II.

Comment Laban et Mondane élevèrent leur fils ; et comment ils lui donnèrent pour maître saint Capuan, évêque de Cahors.

Laban et Mondane savaient apprécier le don de Dieu. Ils virent dans la naissance de leur fils, le complément de la benédiction qu'ils avaient reçue au jour de leur union nuptiale. Jusque-là il avait manqué quelque chose à leur bonheur. Aujourd'hui ils ont un précieux trésor en leur vénérable enfant qui résume en une seule vie leurs deux vies. Désormais leurs cœurs pour se rencontrer, n'auront plus à se chercher l'un dans l'autre ; ils se trouveront dans leur enfant d'où ils ne sortiront plus. Il faut cela au bonheur des époux.

Vénérable enfant. C'est la qualification que lui donne notre légendaire ; nous voulons la maintenir. L'enfant, régénéré aux sources divines, devenu le temple de l'Esprit-Saint, le frère de Jésus-Christ, l'enfant de Dieu, beau comme un ange par son innocence baptismale, mérite toute vénération. En dehors de ces priviléges, si grands aux yeux de la foi et que le Christianisme seul peut donner, les païens avaient découvert comme une dignité vénérable dans l'enfance non encore souillée par la fange des passions, et ils voulaient qu'on l'entourât du plus grand respect. Mais, combien plus vénérable est la dignité de l'enfant devenu chrétien ! Laban et Mondane le comprenaient, et, penchés sur le berceau de leur fils, qu'ils regardaient avec les yeux de la foi autant qu'avec les yeux du corps, ils adoraient dans son âme, illuminée par la grâce, la Divinité elle-même, dont leur foi y découvrait l'image.

Il est rapporté de saint Léonide, père d'Origène, qu'il avait ce respect pour son enfant. Souvent il s'approchait de lui pendant qu'il dormait, et, lui découvrant la poitrine, il la baisait avec un respect religieux, comme le temple de l'Esprit-Saint.

On comprend que, lorsque ce respect religieux vient ainsi en aide à l'amour, rien ne doit être négligé pour la bonne éducation de l'enfant; dès la première heure, son âme reçoit la semence des vertus chrétiennes avec lesquelles il doit grandir, devenir homme et remplir ses destinées. Ainsi faisaient Laban et Mondane. Leur fils leur venait de Dieu, ils s'appliquaient à le rendre digne de Dieu; et, à mesure qu'ils voyaient se développer son intelligence, ils lui donnaient une

connaissance plus étendue de la céleste doctrine.
Heureux les pères et les mères qui comprennent
ainsi les soins dont ils doivent entourer leurs
enfants, et savent remplir la mission que Dieu
leur a confiée auprès d'eux ! Ils les verront grandir pour être l'appui et la gloire de leur vieil-
lesse ; à la dernière heure, ils n'auront pas
la désolante pensée qu'ils vont laisser leur nom
à des enfants indignes de le porter, et les traditions honorables de la famille à des héritiers qui
ne les continueront pas.

Cependant le jeune Sacerdos avait grandi ; il
fallut songer à lui donner un maître qui perfec-
tionnât l'œuvre de son éducation, si bien commencée sous le toit paternel. Ce fut pour Laban
et Mondane le sujet d'une grande préoccupation,
et tel sera toujours l'objet de la plus vive préoccupation des parents chrétiens. Ils voudront
trouver des maîtres qui puissent dignement les
remplacer, qui comprennent bien leur mission

et veuillent la remplir comme un devoir de conscience, en vue de Dieu, et non comme ces édu-
cateurs mercenaires, qui ne voient dans leur
élève qu'une mine d'argent qu'il faut savoir ex-
ploiter et suivre dans tous ses filons. Le maître
remplace le père et la mère; il faut donc qu'il ait
et tout l'amour et toute la sollicitude du père et
de la mère, sans en avoir les faiblesses. Où le
trouver? Il faut le choisir entre mille, et, après
l'avoir ainsi choisi, le père et la mère doivent
craindre encore de n'avoir pas fait un bon choix.

Laban et Mondane crurent avoir trouvé le
maître qu'ils désiraient, dans la personne de saint
Capuan, qui occupait alors le siége épiscopal de
Cahors, l'un des évêques les plus remarqua-
bles de l'Aquitaine en sainteté et en doctrine, et
ils lui confièrent l'éducation de leur fils. Sacerdos
était digne d'avoir un tel maître, et Capuan mé-
ritait bien d'avoir un tel disciple. Dieu avait
ainsi voulu que cet enfant très-saint fut sous la

conduite et la direction d'un maître d'une très-
grande sainteté, afin qu'il s'abreuvât aux eaux
pures des célestes doctrines, et que, devenu lui-
même docteur distingué, il arrosât de ces mêmes
eaux les âmes des fidèles. Ainsi, l'enfance de
Sacerdos s'illumine du triple reflet d'une illustre
origine, d'un nom qui lui présage la plus sublime dignité, et d'un maître qui est un des plus
grands évêques de son époque. Dieu voulait manifester par là, dit le légendaire, quelle vénération on devait avoir pour celui que les divines
largesses favorisaient de dons si précieux.

Il ne tarda pas à s'établir entre Capuan et le
jeune Sacerdos des rapports intimes, une heureuse communauté de pensées; le maître comprit
bientôt l'âme de son disciple, et celui-ci comprit bientôt l'âme de son maître. Capuan vit
dans son élève l'enfant de Dieu, qu'il devait
préparer pour l'accomplissement de ses desseins
éternels. Sacerdos vit dans son maître le repré-

sentant de Dieu, recevant de Dieu la mission de
l'instruire et de le former pour le rendre digne
de ses destinées. Le maître donnait sa leçon avec
la pensée de glorifier Dieu, et le disciple la recevait avec la pensée de remplir un devoir que
Dieu lui commandait. On comprend combien
devait être utile et profitable une leçon donnée
et reçue avec de telles pensées, de telles dispositions. Aussi, le jeune disciple fit-il des progrès
rapides dans les sciences humaines et divines, et
se fit-il remarquer par l'excellence de ses vertus,
entre tous les jeunes gens de son âge. De là
vint, dit la légende, qu'il fut très-aimé de Capuan
dont il recevait les enseignements avec une sainte
avidité, en goûtait les douceurs et les cachait,
comme un trésor précieux, au fond de son âme.
Il se rendait recommandable par une grande
simplicité et une grande modestie dans toutes
ses actions et dans toutes ses paroles; de sorte
qu'on ne savait ce qu'il fallait le plus admirer
en lui, ou sa finesse d'esprit et sa grande facilité

d'élocution , ou les soins qu'il mettait à cacher
ces dons de Dieu..La simplicité et la modestie
ont été toujours un des caractères de la sainteté
et du véritable génie. Le vrai mérite ne cherche
pas à se produire. C'est une humble fleur qui
resterait ignorée, si elle ne se trahissait par
l'excellence de son parfum. Tel était notre Saint.

III.

Comment saint Sacerdos fut ordonné diacre ; et comment il se fit moine dans le monastère de Calviac.

Sacerdos était sorti de l'âge de l'enfance et était arrivé à l'âge de la jeunesse, âge critique entre tous, âge des violentes passions. Il se fit remarquer par un grand amour de la chasteté et un profond mépris pour les vanités et les plaisirs mondains. Toutes les fois, dit le légendaire, que le tentateur venait à lui et cherchait une porte pour y introduire la tentation, il trouvait que la porte du cœur du saint jeune homme lui était soigneusement fermée. Ce cœur était un vase d'honneur réservé pour l'Esprit-Saint, un autel bien paré sur lequel il offrait à Dieu le sacrifice quotidien d'une filiale affection et d'un parfait dévouement.

Le saint évêque, son maître, n'avait pas tardé à comprendre que Dieu avait fait choix de son disciple pour l'élever à la dignité du sacerdoce. Il fut confirmé dans son jugement par un ange qui lui apparut et lui ordonna, de la part de Dieu, de conférer au jeune Sacerdos l'ordre de diacre. Le saint jeune homme comprit l'honneur qui lui était fait et l'étendue des obligations qu'il contractait; aussi, à partir du jour de son ordination, ses vertus brillèrent-elles d'un plus vif éclat. On le vit se livrer tout entier au service de Dieu dans le ministère ecclésiastique, multiplier ses largesses envers les pauvres, et se porter à toutes les œuvres qui pouvaient concourir à la gloire de Dieu. Il était particulièrement touché et reconnaissant d'avoir été appelé, par une vocation spéciale, au ministère le plus sublime.

Après son ordination, Sacerdos dut se séparer de Capuan, son maître, et revenir au village de Calabre que Laban et Mondane avaient toujours habité depuis la naissance de leur fils. Dieu avait ses desseins; nous en verrons l'accomplissement. Il destinait le jeune lévite à la plénitude du sacerdoce, à la gloire de l'épiscopat; il voulut l'y préparer par le recueillement de la solitude. Avant de le prendre pour le faire asseoir parmi les chefs de son peuple, il voulut qu'il fût confirmé dans la sainteté par le renoncement au monde et le dépouillement des biens terrestres. Pour parler à son âme et lui dévoiler ses desseins, il voulut le conduire dans le silence du cloître.

Il y avait dans le village de Calabre un monastère qui pouvait avoir été fondé en ce lieu,

dans le sixième siècle, par Canalis, abbé du monastère de Genouillac, (1) ou par quelqu'un de
ses trois illustres disciples, Sour, Amand et Cyprien, qui en bâtirent plusieurs dans la province
du Périgord, entre autres ceux de Terrasson, de
Saint-Amand et de Saint-Cyprien. Avant d'être
moine du monastère de Calabre, Sacerdos en fut
le bienfaiteur. Il y entretenait, de ses propres
biens, les quarante moines qui y vivaient dans
l'observance des saintes règles et la pratique des
plus austères vertus. L'église et la demeure des
moines tombaient en ruines ; Sacerdos les fit re-
bâtir de ses propres deniers, et, voulant que les
préoccupations des nécessités temporelles ne
pussent jamais nuire à la ferveur du service de
Dieu, il donna aux moines le village de Calabre
avec toutes ses dépendances, tels qu'il les avait
reçus lui-même de la générosité d'Anicius.

(1) Dans le diocèse de Cahors, non loin des frontières du Périgord. Voir ce que nous avons dit de ce monastère, dans la
Vie de saint Sour, page 50 et suivantes.

Après s'être ainsi dépouillé de tout ce qu'il possédait, il pouvait librement suivre le Seigneur et se livrer à tout son attrait pour la solitude. Dieu lui-même voulut lui en faire l'invitation. Un jour que le saint lévite était humblement prosterné et priait dans toute la ferveur de son âme, une voix céleste, cette voix qui parle à l'âme conduite dans la solitude, se fit entendre et lui dit : « O Sacerdos, mon bien-aimé, entre
» avec confiance dans le monastère pour m'y
» servir, car je t'ai élu et choisi pour la vie mo-
» nastique; et, parce que, dès ta plus tendre
» enfance, tu t'es montré comme un vase sanc-
» tifié, pur de corps et d'esprit, je t'ai confié
» à la garde des anges qui ne te manqueront
» jamais. »

La voix céleste ayant cessé de parler, le saint lévite Sacerdos rendit au Seigneur de très-humbles actions de grâces, de ce qu'il avait daigné le choisir et le fortifier par ces douces paroles. Il

3

prit bientôt l'habit monastique et persévéra dans la règle de conduite qu'il s'était prescrite, y joignant une grande pureté de cœur, une parfaite honnêteté de mœurs, et se livrant sans relâche aux jeûnes, à la prière et à la lecture des Saintes Lettres. Il passa ainsi sept années avant d'être promu au sacerdoce, dans les austérités de la pénitence, se faisant surtout remarquer par les actes de l'humilité la plus parfaite.

IV.

Comment saint Sacerdos fut nommé Abbé du monas-
tère de Calviac; et comment il le gouverna.

La vie si austère de Sacerdos, tant d'actes de
vertus, qu'il s'efforçait de cacher, mais dont
le vase trop plein débordait de toutes parts, lui
eurent bientôt gagné l'affection, l'estime, la vénération des religieux. Aussi, l'Abbé étant venu
à mourir, tous, d'une commune voix, accla-
mèrent Sacerdos pour lui succéder. Le Saint eût
voulu se soustraire à cette charge qu'il trouvait
trop au-dessus de ses forces. Son attrait était

pour la dernière place dans la maison de Dieu,
pour les emplois les plus obscurs. Sachant qu'il
est plus facile d'obéir que de commander, et
qu'il sera demandé un compte plus rigoureux,
à celui qui aura été préposé à la conduite des autres, il aurait voulu décliner l'honneur qui lui
était fait. Mais il voyait aussi dans la volonté de
ses frères l'expression de la volonté de Dieu; il
se soumit donc et prit en main le bâton abbatial.
Le P. Le Cointe, en ses annales, donne à cette
élection la date de l'an 702.

Sacerdos n'était pas encore prêtre. Il fut ordonné quelques jours après son élection, peut-
être par son illustre maître, l'évêque Capuan,
heureux de voir son disciple ainsi exalté par le
choix de ses frères.

Dès ce moment, notre Saint ne crut plus s'ap-
partenir, mais il se considéra comme se devant
tout entier au bien de ses religieux, soit pour

les affermir dans l'observance des règles monas-
tiques, soit pour leur communiquer la science
de la céleste doctrine. A l'exemple du divin
Maître, il se faisait le serviteur de tous par les
actes les plus humbles de la charité, et s'étu-
diait à paraître en toutes circonstances le plus
petit entre tous. Dans ses actes comme dans ses
paroles, dans tout son extérieur, il était la règle
vivante, le livre ouvert où chacun pouvait lire
et prendre un modèle à imiter pour rendre sa
vie sainte devant Dieu. Il ne savait trop s'humi-
lier en pensant que Dieu lui avait donné sa propre autorité sur ses frères, et qu'il devait le re-
présenter en toutes choses. Son autorité était
douce, paternelle, comme l'autorité de Dieu qui
en était la source, ferme sans sévérité, et n'ayant
rien de cette autorité énervée et pusillanime qui
n'ose reprendre le mal dans la crainte de dé-
plaire.

Tant de vertus ne purent rester longtemps

cachées dans l'enceinte du cloître. Dieu voulut
que la bonne odeur s'en répandît au loin, pour sa
gloire et l'édification des âmes. Bientôt le monastère de Calviac fut comme un lieu de pèleri-
nage, comme le rendez-vous des habitants de
toute la contrée. Ils y accouraient en foule, les
uns pour admirer cet homme si remarquable
par ses œuvres, homme vraiment céleste vivant
sur notre terre de misère ; les autres pour l'imiter et devenir meilleurs par ses exemples. Quelques uns venaient lui demander des aumônes,
d'autres se recommandaient à ses prières et s'en
retournaient pleins de confiance pour leur salut
éternel, l'ayant mis sous la protection du puissant serviteur de Dieu.

Le Saint s'occupait d'une manière toute spéciale du soin des pauvres et des étrangers, et
leur rendait les services les plus humbles. Il
s'imposait les plus grandes privations, se con-
tentait pour lui du seul vêtement monastique,

afin de pouvoir mieux nourrir ceux qui avaient
faim et vêtir ceux qui étaient nus. Il avait profondément médité la parole du Seigneur Jésus :
« J'ai eu faim, vous m'avez donné à manger,
» j'ai eu soif, vous m'avez donné à boire, j'étais
» nu, vous m'avez revêtu, j'étais malade vous
» m'avez visité, étranger, vous m'avez donné l'hospitalité (1). » Mais nul ne se retirait d'auprès de
lui sans avoir reçu en abondance le pain de la
parole divine, que le Saint distribuait avec cet
esprit de foi et de charité qui fait voir et aimer
avant tout, dans le pauvre, une âme créée à
l'image de Dieu et faite pour posséder éternellement Dieu. Et c'est là l'excellence de la
charité ; venant de Dieu, elle doit élever v er
Dieu tout ce qu'elle touche.

(1) S. Matth., c. 25, v. 35.

V.

Comment Dieu honora saint Sacerdos du don des mi-
racles; et comment le Saint guérit un lépreux.

Dieu voulut honorer son fidèle serviteur et
manifester par le don des miracles sa grande
sainteté. Il y avait, à cette époque, dans le village
de Calabre, un homme lépreux depuis plusieurs
années et séparé de la société de ses frères. Et
un ange apparut à saint Sacerdos, et lui dit :
« Allez visiter le malheureux lépreux, lavez
» soigneusement vos mains et touchez toutes
» les parties du corps où vous trouverez des
» traces de la maladie. » Et saint Sacerdos

s'empressa d'obéir au commandement de l'ange :
il alla visiter le lépreux, et, adressant à Dieu
une fervente prière, il lava ses mains et toucha
le corps du lépreux ; et la lèpre disparut à l'instant, et le malheureux fut guéri. Et les habitants du lieu et ceux de toute la contrée, en
apprenant ce miracle, rendirent gloire à Dieu dans
des transports de reconnaissance, et exaltèrent
les vertus et les mérites du Saint. Mais, entre
tous, Mondane, l'heureuse mère de saint Sacerdos, en ressentit la joie la plus vive. Son cœur
se dilata, ses entrailles maternelles tressaillirent.
Toutefois, l'excès de sa joie ne lui fit pas oublier
de remercier Dieu, et, l'amour divin surmon-
tant l'amour maternel, ou plutôt ne lui permet-
tant de s'épancher qu'après s'être satisfait lui-
même, le premier sentiment de cette âme fortement chrétienne fut de remercier Dieu par de
ferventes actions de grâces.

Mondane éprouva, dès ce moment, un grand

dégoût pour les biens et les plaisirs du siècle, et en même temps un désir ardent de renoncer à tout pour marcher sur les traces de son fils. Quant à Laban, il était en ce moment à Bordeaux; mais il ne pouvait rester étranger à la joie que procurait le miracle opéré par son fils. Mondane lui envoya un messager avec ordre de lui raconter le miracle dans tous ses détails, et de l'inviter à se rendre sans retard au village de Calabre. Laban remercia Dieu de la glorification de son fils et quitta à l'instant la ville de Bordeaux.

Dieu, en favorisant ainsi le fils, avait des desseins d'amour sur le père et la mère; il voulait s'en servir pour donner un grand exemple du renoncement à soi-même et du mépris des biens et des gloires de ce monde. Déjà Mondane avait résolu de marcher sur les traces de son fils, mais les liens qui l'unissaient à Laban ne pouvaient être rompus. Aussi fidèle épouse que mère chrétienne,

son bonheur eût été imparfait si, en s'engageant
dans la voie de la perfection, dans la voie du
ciel, elle eût laissé derrière elle son époux, engagé dans la voie du monde. L'épouse vraiment
chrétienne, qui comprend bien sa mission, sait
qu'elle ne doit pas se sauver seule, mais qu'elle
doit sauver avec elle son époux. Il faut au bonheur conjugal l'espérance de se retrouver et de
s'aimer encore au-delà du tombeau. Et cette espérance ne peut exister si les deux êtres que Dieu
a unis et que l'homme ne doit pas séparer,
ne marchent pas ensemble et d'un pas égal
dans la même voie. Le mari n'aime pas son
épouse s'il consent, ne vivant pas chrétienne-
ment comme elle, à en être séparé pendant
l'éternité. Et l'épouse, qui laisse son époux
dans l'oubli des pratiques religieuses, sans
faire le moindre effort pour l'en retirer, cette
épouse n'aime pas. Si elle aimait, son cœur
se briserait, mille fois le jour, à la seule pensée
de la séparation future.

Un jour donc, Mondane, s'étant jetée aux genoux de Laban, les mains jointes et les yeux baignés de larmes, lui dit : « Je vous en con-
» jure, cherchons tous deux à acheter le ciel
» par le sacrifice des biens terrestres ; renon-
» çons aux choses qui passent, pour acquérir
» celles qui doivent durer toujours. Ne vivons
» plus désormais selon la chair, mais selon l'es-
» prit. » Et Laban dont la grâce avait vivement pénétré le cœur, acquiesça aux désirs de Mondane. Bientôt ils se dépouillèrent de tous leurs biens dont ils firent deux parts, l'une pour l'église de Jésus-Christ et l'autre pour les pauvres et les étrangers. Ils donnèrent la liberté à leurs serviteurs et à leurs esclaves et consacrèrent leur vie tout entière au service de Dieu. Et tous deux, selon le précepte de saint Paul (1) « se conser-
» vaient dans la ferveur de l'esprit, se souve-
» nant qu'ils servaient le Seigneur, se réjouis-

(1) Rom. 12, v. 11.

» sant dans leur espérance, et se montraient pa-
» tients dans la tribulation, persévérants dans la
» prière, charitables pour soulager les nécessités
» des fidèles, prompts à exercer l'hospitalité.

Il est probable que Laban se retira dans le
même monastère de Calviac, avec Sacerdos son
fils, dont les exemples et les conseils respectueux
lui furent d'un grand secours, et l'élevèrent en
peu de temps à la perfection monastique. Quant
à Mondane, elle se retira sur la rive gauche de la
Dordogne, en face du monastère, et fixa sa demeure dans une grotte, amoureuse colombe,
appelée par son bien-aimé dans le trou de la
pierre, pour y jouir de ses ineffables entretiens.
Et c'est là qu'elle vécut les longues années de sa
vie, dans les pratiques de la plus austère pénitence.

VI.

Comment Laban mourut; et comment Sacerdos
le ressuscita.

Sacerdos continuait à édifier ses frères et à les
faire marcher, autant par ses exemples que par
ses discours, dans les voies de la perfection. Il
se montrait toujours plutôt leur égal que leur
supérieur, leur donnant, en toute occasion, les
preuves de la tendresse la plus paternelle, et les
reprenant de leurs fautes avec tant de simplicité,
de charité et d'humilité, que souvent le vrai
coupable apparaissait être autant celui qui reprenait que celui qui était repris. Il était bien le

bon maître, le bon pasteur, le bon père. Bon
maître, il ne voyait dans ses inférieurs que des
frères et des amis; bon pasteur, il paissait son
troupeau dans les gras pâturages des célestes
doctrines; bon père, ses enfants formaient autour
de lui une couronne d'honneur et de joie.

Dieu ménageait à son serviteur une épreuve
propre tout à la fois à augmenter ses mérites et à
mettre plus en évidence sa vertu. Laban avait
complété les années de sa vie, il était arrivé au
terme de son pélerinage, et Dieu lui devait la
récompense promise à ceux qui ont tout quitté
pour le suivre. Un jour que le Saint vaquait à la
prière avec ses religieux, à la seconde heure
du jour, on vint lui dire que son père se
mourait. Mais il était si profondément ravi en
Dieu qu'il ne vit point le messager, ni n'entendit
ce qu'il lui disait. Il fallut attendre qu'il fût re-
venu de son extase. Il courut alors, en toute
hâte, auprès de son père, qui déjà depuis quel-

ques instants avait rendu le dernier soupir. Sacerdos en éprouva une vive douleur, qui fut augmentée lorsqu'il sut que le mal avait fait des progrès si rapides, que le mourant n'avait pu recevoir le viatique pour le passage de la vie présente à la vie future, du temps à l'éternité. Mais, si sa douleur fut grande, sa foi fut vive, vive à transporter les montagnes. En présence des religieux et des habitants du lieu, qui étaient accourus à la première nouvelle de la mort de Laban, il se prosterne, la face contre terre, et reste-là longtemps à prier. Enfin, il se relève, plein de confiance et le visage comme rayonnant d'une lumière céleste. Puis, il s'approche du très-cher défunt et, lui prenant la main, il l'appelle à deux fois par son nom. Et, à la voix de son fils, le vieux Laban relève la tête et apparaît comme sortant d'un profond sommeil ; et, promenant ses regards étonnés sur les assistants qui l'entourent, il leur dit : « J'avais » quitté ce monde, à la seconde heure de ce jour,

4

» mais je dois aux mérites de mon fils d'avoir été
» rendu a la vie. » Et tous les assistants, étonnés
et saisis d'un saint enthousiasme, à la vue de
ce miracle, poussent des cris de joie vers le ciel,
et rendent grâces à Dieu. Et le Saint se hâte de
donner le viatique à son père ; puis, se proster-
nant, à l'exemple du patriarche Jacob, « Mon
» père, dit-il, donnez-moi votre bénédiction. »
Et le vieux Laban bénit son fils, et de nouveau
il rend son âme à Dieu. Touchant exemple du
zèle sacerdotal qui doit entourer le chrétien à sa
dernière heure ! Il ne faut pas que l'âme sorte
de la prison terrestre sans y être invitée par
celui qui a le pouvoir de lier et de délier, et
sans emporter avec elle le gage de son bonheur.
Touchant exemple aussi du prix qu'on attachait
autrefois à la bénédiction paternelle ! On com-
prenait que « la bénédiction du père affermit
» la maison des enfants (1). » On semble l'avoir
oublié aujourd'hui.

(1) Eccli., c. 3, v. 11.

V II

Comment saint Sacerdos fut fait évêque de Limoges;
et comment il gouverna son Eglise.

Nous l'avons déjà dit, Dieu n'avait appelé
notre Saint dans la solitude du cloître que pour
le préparer à devenir un des chefs de son peuple, pour l'élever à la plénitude du sacerdoce,
à l'épiscopat. L'heure marquée dans ses desseins
éternels est venue, et le Saint est préparé. Il
s'est exercé, dans la solitude, aux vertus qui font
les grands évêques, les évêques selon le cœur de
Dieu. Dieu peut l'envoyer; il répondra bien à ce

que les peuples ont droit d'attendre de lui. Il
sera ce que l'Apôtre veut que soit un évêque,
irréprochable. Dans sa charge d'abbé, il a bien
gouverné sa propre famille, il a maintenu ses enfants, les religieux, dans l'obéissance ; il saura
bien conduire l'Église de Dieu (1). Le don de
miracle dont il a été favorisé, la guérison du
lépreux, la résurrection de son père, ont porté
au loin la réputation de l'humble Abbé du monastère de Calviac.

Sur ces entrefaites, la ville de Limoges se voit
privée de son premier pasteur par la mort d'Ag-
géric, et, telle est la réputation de Sacerdos,
tel l'ascendant de ses vertus, que, d'un commun
accord, le clergé et le peuple le désignent pour
occuper le siége vacant. Une députation est en-
voyée au monastère de Calviac pour apporter au
saint Abbé la nouvelle de son élection et l'ame-

(1) 1º Ad Tim., c. 3.

ner à Limoges. Sacerdos ne veut point résister à
la volonté de Dieu qui lui est déclarée, mais se
soumettant à ses ordres, il se laisse mener
comme une victime d'obéissance au lieu du sacrifice. Il ne peut quitter sans peine le monastère qu'il avait choisi pour le lieu de son repos
spirituel, la chère solitude, à l'air si pur, où son
âme goûtait les ineffables délices des communi-
cations avec Dieu. Mais il ne sait qu'obéir; il
offre à Dieu le sacrifice de ses affections, il lui
dit : « Me voici, puisque vous m'avez appelé (1). »

Nous ne connaissons pas les actes de son épiscopat, qui dut être fructueux en bonnes œuvres.
Hugues de Sainte-Marie les a passés sous silence
« afin, dit-il, de ne pas fatiguer son lecteur et ne
« pas trop prolonger son travail. » Nous regret-
tons que cet historien ait porté si loin son scru-

(1) 1ᵉʳ livre des Rois, c. 3, v. 5.

pule ; toutefois, nous ne nous livrerons pas à des suppositions pour embellir ces années de notre Saint, passées dans les travaux du plus sublime des ministères. Nous dirons seulement qu'il se montra fidèle serviteur dans cette haute dignité, comme il s'était montré fidèle serviteur dans une position plus humble, et qu'il mérita d'entrer dans la joie de son Dieu (1).

(1) Matthieu, c. 25, v. 21.

VIII.

Comment saint Sacerdos, ayant la connaissance de sa mort prochaine, voulut aller mourir dans le monastère de Calviac.

Notre Saint avait noblement rempli la tâche que Dieu lui avait imposée et comblé la mesure de ses mérites. Epuisé par les austérités de la pénitence et les fatigues d'un laborieux épiscopat plus que par les années, il pressentait que sa fin était prochaine. Dieu lui-même lui fit comprendre qu'elle approchait et qu'il ne tarderait pas à l'appeler à la récompense de ses travaux. Elevé sur la chaire épiscopale, il n'avait pas oublié, au

milieu des splendeurs de sa dignité, la chère solitude de Calviac, et il s'était bien promis de
revenir dans cet asile fortuné, pour rendre le
dernier soupir dans le lieu où il avait pris naissance à la vie monastique : sa mort devant y être
plus douce, plus agréable à Dieu.

Étant donc averti de Dieu, il fait toutes ses
dispositions, règle toutes ses affaires, fait ses
adieux à son clergé et à son peuple, et va déposer
son bâton de pasteur sur le tombeau de saint
Martial. Puis, il prend le bâton du pélerin et
sort de sa ville épiscopale, laissant après lui les
regrets les plus vifs.

C'était un bien touchant spectacle qu'offrait
ce vénérable et saint évêque, s'acheminant vers
le lieu où il devait consommer sa course, après
avoir bien combattu les combats du Seigneur :
apportant lui-même sa dépouille mortelle dans
les lieux où fut son berceau, et allant en confier

la garde à ces moines qui furent ses frères, qu'il
avait si lóngtemps édifiés, avec lesquels il avait
marché avec tant d'unanimité dans la maison
de Dieu ! Anges du ciel, gardiens des voyageurs,
veillez sur le saint évêque et dirigez sa marche
chancelante dans sa longue voie !

Le Saint était arrivé à un petit bourg du Bas-
Limousin, placé sur la rive de la Dordogne, aujourd'hui la petite ville d'Argentat. Et c'est là
que Dieu avait fixé le terme du pélerinage de
son serviteur. Il y fut bientôt atteint d'une
violente fièvre dont les accès renouvelés lui fi-
rént comprendre que sa fin approchait. Il demanda qu'on lui donnât le viatique des élus et
qu'on oignît son corps de l'huile sainte des mou-
rants, et, recommandant à ceux qui l'accompa-
gnaient de porter son corps au monastère de
Calviac, il rendit doucement son âme à Dieu, le
5 du mois de mai de l'année 720 de Notre-
Seigneur.

Le souvenir de cette mort s'est conservé dans la petite ville d'Argentat, et l'on montre encore le lieu où se retira le saint évêque et où il rendit le dernier soupir.

Une pieuse et naïve légende accompagne le récit de cette maladie et de cette mort. Nous ne pouvons lui refuser une bienveillante hospitalité dans ces pages. Nous la racontons telle que la racontent tous les historiens de la vie du saint évêque. « Accablé par » l'âcreté de la fièvre et épuisé de forces, le » Saint demanda des œufs pour se rafraîchir et » se soulager. Ses disciples ayant couru partout » le village, n'en trouvèrent pas un seul, parce » que les milans et autres oiseaux de proie » étaient si communs dans ce lieu et aux environs, qu'ils dévoraient toutes les poules qu'on » essayait d'y élever. Ayant appris cela, le saint » évêque voulut être, avant de mourir, le bien- » faiteur du village qui lui donnait l'hospitalité

» au terme de sa course, et il prononça cet ar-
» rêt : qu'à l'avenir aucun oiseau de proie n'ose
» inquiéter les poules de ce village et des envi-
» rons. Et, ajoute le légendaire, cet arrêt a été
» inviolable jusqu'à ce jour. »

Le même légendaire rappelle ici un trait à
peu près semblable de saint Martin de Tours,
qui défendit aux plongeons de ne plus inquiéter
les poissons de la Loire. Ces volatiles obéirent à
saint Martin et les milans respectent encore la
défense de saint Sacerdos, le serviteur de Dieu.
Ces deux saints se montraient les vrais imitateurs
de Celui qui ordonna aux vents et à la mer de se
taire, et à qui les vents et la mer obéirent.

Ayez de la foi comme un grain de sénevé, et
vous transporterez les montagnes!

XI.

Comment le corps de saint Sacerdos fut porté au monastère de Calviac ; et comment sainte Mondane recouvra la vue près du corps de son fils.

A peine saint Sacerdos eut-il rendu le dernier soupir, que ses disciples se disposèrent à exécuter la dernière volonté de leur maître. Après avoir honorablement enseveli son corps, ils le placèrent dans une barque pour le conduire sur les eaux de la Dordogne jusqu'au monastère de Calviac, où, la nouvelle de sa mort y étant déjà parvenue, on se préparait à faire au saint évêque de dignes funérailles.

Mondane, la mère du bienheureux Sacerdos,
vivait encore, toujours retirée dans la grotte
qu'elle avait choisie pour sa demeure. Depuis
quelques années, Dieu qui se plaît à éprouver
les saints, avait permis qu'elle devînt aveugle.
L'humble servante de Dieu ne s'était point at-
tristée en son âme, elle n'avait point murmuré,
mais elle était demeurée ferme et immobile
dans l'amour et la crainte du Seigneur. Cette
épreuve n'avait fait que rendre sa vie plus austère. N'étant plus distraite par la vue des objets
extérieurs, son âme ne s'élevait que mieux vers
le Créateur et pouvait se livrer avec plus de
facilité aux délices de la contemplation.

Apprenant que le corps de son fils approchait
du rivage, Mondane s'y fit conduire, désolée,
mais confiante en Dieu. Là devait se terminer son
épreuve, Dieu voulant glorifier en ce moment
le corps de son fidèle serviteur en rendant la vue
à sa fidèle servante. Sur la terre, le Saint avait

obtenu la résurrection de son père; au ciel, il
obtient que la vue soit rendue à sa mère. Heureux le père, heureuse la mère d'un tel fils!
Heureux le fils d'un tel père et d'une telle mère!
Et Mondane, ayant recouvré la vue, porte son
premier regard vers le ciel et rend grâces à Dieu;
puis, confondant le sentiment de l'amour maternel avec le sentiment de la reconnaissance,
elle arrose de ses larmes le cercueil qui renferme
le corps de son fils.

Ici, le légendaire reprend son parallèle entre
saint Sacerdos et saint Martin de Tours. « Saint
» Martin convertit sa mère et la retira des ténè-
» bres du paganisme; le très-saint évêque Sa-
» cerdos engagea par ses exemples sa mère à
» quitter les voies toujours ténébreuses du
» monde, pour marcher dans les voies lumi-
» neuses de la sainteté et de la perfection.
» Celui-là éclaira intérieurement sa mère des
» lumières de la foi; celui-ci éclaira extérieu-

» rement la sienne en rendant la lumière à ses
» yeux. Tous deux en opérant ces miracles
» agissaient pour la gloire de notre Seigneur
» Jésus-Christ qui vit et règne avec le Père et
» le Saint-Esprit dans tous les siècles des siècles.
» Ainsi-soit-il! » (1)

Cependant les moines de Calviac étaient des-
cendus avec un grand concours de fidèles sur la
rive du fleuve, pour y recevoir le corps de celui
qui avait été leur frère et leur père, et qui ne
s'était éloigné d'eux que pour leur revenir, sept
ans plus tard, avec l'auréole des saints pontifes.
Ils retirèrent de la barque la sainte relique, la
mirent sur leurs épaules et la portèrent ainsi
jusqu'à leur église. Là, ils célébrèrent pendant
plusieurs jours les funérailles, au chant des
psaumes, louant Dieu et exaltant la sainteté du
fidèle serviteur de Dieu. Deux sentiments divers

(1) Hugues de Sainte-Marie, *Vita Sancti Sacerdotis.*

agitaient les moines et les fidèles. On en voyait
qui se livraient à une douce joie, d'autres qui
versaient des larmes. Ceux-là se réjouissaient
parce qu'ils acquéraient un puissant protecteur
auprès de Dieu ; ceux-ci pleuraient, parce qu'ils
perdaient sur la terre celui qui les consolait dans
leurs peines et les secourait dans leurs besoins.
L'amour qu'ils avaient pour ce tendre père ne
leur permettait pas de retenir leurs larmes,
mais c'était pour eux une douce consolation de
posséder du moins son corps. C'est ainsi que le
cantique de la joie se mêlait au chant lugubre
du deuil. Ils se réjouissaient et ils pleuraient.
Tous, cependant, étaient également soulagés et
fortifiés par une odeur très-suave, et aspiraient
une inappréciable douceur ; car, le corps du
bienheureux Sacerdos, loin de participer à la
corruption commune, ne cessa, pendant que du-
rèrent les funérailles, d'exhaler l'odeur d'un
nectar divin, comme si on l'eût parfumé d'onc-
tions aromatiques. Le chœur des anges accompa-

gnait dans le ciel celui que le chœur des vertus avait toujours accompagné sur la terre. Les anges tressaillaient de joie et louaient avec cette âme sainte le Seigneur, tandis que les hommes sur la terre rendaient à son corps, avec la plus grande pompe, les honneurs de la sépulture. Et tous, dans le ciel comme sur la terre, louaient et remerciaient le Seigneur, parce qu'il est bon, parce que sa miséricorde est éternelle.

Les jours de deuil étant terminés, les moines déposèrent le corps du bienheureux Sacerdos dans le sépulcre qu'ils lui avaient préparé au sein de leur église, dans cette même église que les libéralités du Saint avaient relevée de ses ruines. Et puis, en se retirant ils disaient : Précieuse est devant la face du Seigneur· la mort de ses saints !

X.

Comment sainte Mondane, la mère de saint Sacerdos, fut martyrisée sur le tombeau de son fils; et comment la mémoire de ces deux saints est restée précieuse dans le pays.

L'humble Mondane était retirée dans sa grotte, où elle méditait les années éternelles, dans le silence et le recueillement. La mort de son fils l'avait profondément affligée; mais elle n'avait pas pleuré comme ceux qui n'ont pas d'espérance. Les miracles qui s'étaient opérés à ses funérailles et qui continuaient sur son tombeau, lui avaient donné la certitude que ce fils, si tendrement aimé, si vivement regretté, jouissait du bonheur des élus, et sa consolation était d'aller le prier sur son tombeau. Depuis qu'elle était seule sur la terre, son exil lui paraissait plus long, et elle priait son fils d'en faire abréger les jours. « Hélas! mon fils, lui disait-elle, » que mon exil est long! Mon âme est toute » brûlante de soif pour Dieu, pour le Dieu fort » et vivant. Quand viendrai-je et quand paraî- » trai-je devant la face de Dieu (1). »

Dieu réservait à Mondane la plus belle couronne, et voulait récompenser en elle non-seulement ses propres mérites, mais encore les mérites du saint évêque, son fils. Il fallait à une telle mère la palme du martyre. Dieu lui en ménagea l'occasion.

Deux ans après la mort de saint Sacerdos, l'Aquitaine fut ravagée par l'armée des barbares, connus sous le nom de Sarrasins, et venus du fond de l'Espagne sous la conduite de

(1) Psaume 44, v. 2.

Zama, leur chef. Avant d'assiéger la ville de
Toulouse, où ils furent battus par Eudes, comte
d'Aquitaine, ils se répandirent dans cette province, ravageant et pillant tout ce qu'ils trouvaient sur leur passage. Ils arrivèrent sur les
bords de la Dordogne, et c'est alors que Mondane qui leur reprochait leur barbares excès et
leurs impiétés, fut massacrée sur le tombeau de
son fils, en confessant la foi de Jésus-Christ.
Après le départ de ces barbares, les fidèles re-
cueillirent le corps de la Sainte et lui donnèrent
la sépulture auprès du tombeau de saint Sacerdos; et Dieu daigna glorifier le tombeau de la
mère comme il avait glorifié le tombeau du fils.
Plusieurs miracles s'y opérèrent en faveur des
malheureux qui vinrent s'y recommander à l'illustre servante du Seigneur.

La mémoire de la Sainte est restée précieuse
dans cette pieuse contrée. Une église lui fut
dédiée vers la fin du xiiie siècle, non loin de la

grotte qui lui servit d'asile pendant le temps de
son veuvage et de sa pénitence. On montre encore dans cette grotte, que le pélerin se plaît à
visiter, le tas de cailloux pris dans le lit de la
Dordogne, sur lesquels la Sainte reposait son
corps affaibli par les jeûnes et les macérations ;
et, au bas du rocher, coule encore la source où
elle allait se désaltérer, dont les eaux vives,
sanctifiées par le contact de sa main et de ses
lèvres, furent longtemps aimées des malades, de
ceux-là surtout qu'affligeaient de violents maux
de tête (1).

Heureuse terre de l'antique Calabre, vraiment
aimée de Dieu et priviligiée entre toutes! Heureux ceux qui habitent tes demeures! Voyageur,
qui suivez le cours majestueux de la Dordogne, arrêtez-vous ici ; vous êtes sur la terre des

(1) *Cujus aqua ad hæc usque tempora capite laborantibus
est remedio et saluti*, disent les Bréviaires de Périgueux et de
Sarlat, au 31 mai.

saints. A votre droite vous avez Calviac avec quelques traces de son monastère; Calviac où furent le berceau et le tombeau de saint Sacerdos; à votre gauche, l'église, la grotte et la fontaine de sainte Mondane, qui rappellent de si pieux souvenirs. Et, là haut, sur la montagne, saluez l'antique château, bien placé dans le voisinage des saints. Il porte un nom bien doux à prononcer dans notre langue, le nom de Fénelon, et rappelle un des plus aimables génies dont se glorifie la France, et que notre Périgord est fier d'appeler son enfant (1).

(1) Le château de Fénélon, sorti de la famille des marquis de Fénelon peu d'années avant la révolution de 1789, et passé depuis en diverses mains, vient d'être acheté par M. le comte Ernest de Maleville, qui en répare les ruines avec autant de zèle que d'intelligence. Tous les amis de nos vieilles gloires, et celle de Fénelon est une des plus pures, devront des remercîments à ce jeune ami des lettres et des Beaux-Arts. Grâce à lui, l'antique château féodal qui vit naître l'illustre archevêque de Cambrai, ne périra pas.

XI.

Comment le corps de saint Sacerdos fut transporté dans le monastère de Sarlat ; et comment il y fut honoré.

Le culte de saint Sacerdos commença le jour de ses funérailles, sur son tombeau, qui devint le but des pieux pélerinages de tous les habitants de la contrée. Ces pélerinages devinrent plus fréquents et plus nombreux dès le jour que le corps de sainte Mondane reposa à côté du corps de son fils : saintes reliques, que les moines de Calviac

conservaient comme un précieux trésor, sur lesquelles reposait la vertu de Dieu, se manifestant par de nombreux miracles en faveur des
malades, des aveugles, des sourds, des paraly-
tiques, de tous ceux qui venaient prier avec confiance et ferveur.

Le monastère de Calviac florissait alors et se
rendait recommandable par la régularité de ses
religieux. Il en fut ainsi pendant plusieurs années après la mort de saint Sacerdos et de sainte
Mondane. Mais les guerres qui eurent lieu dans
l'Aquitaine pendant tout le viiiᵉ siècle et qui
portèrent la dévastation dans tant d'églises et de
monastères, ne durent pas épargner le monastère
de Calviac. Les désastres causés par ces guerres
furent tels, qu'il semblait que la religion chrétienne eût entièrement disparu de cette contrée.
La désolation dura jusqu'au moment où Louis,
fils de Charlemagne, fut nommé roi d'Aquitaine.
Laissons parler le P. Le Cointe, en ses *Annales*

ecclésiastiques : « Quand Charlemagne eut donné
» le royaume d'Aquitaine à son fils, Louis, ce
» jeune roi qui n'était pas moins pieux et dévot
» envers Dieu et les saints, que courageux à la
» guerre, voyant que, par suite des diverses in-
» cursions des barbares, ou des guerres que son
» père avait soutenues contre Waifer, l'Aquitaine
» avait beaucoup de débris et de ruines, et que
» les vieux temples et monastères pleuraient en-
» core leur désolation, il résolut de les restau-
» rer et de les rendre plus splendides qu'avant
» leur destruction. Entre les églises qui se rele-
» vèrent de leurs ruines par les libéralités du
» roi Louis, nous devons compter, dans le Péri-
» gord, l'église de Saint-Sauveur de Sarlat. » De
son côté, Charlemagne, voulant seconder le zèle
et la piété de son fils, faisait beaucoup de présents en argent et en objets précieux à ces mêmes églises et monastères. Ce fut à cet époque
qu'il donna à l'église et au monastère de Sarlat
plusieurs reliques et, entre autres, une parcelle

de la vraie Croix de Notre Seigneur (1). L'exemple du pieux monarque fut suivi par les évêques, les seigneurs, par les simples particuliers euxmêmes, et, de toutes parts, sur le sol de l'Aquitaine, une sainte émulation releva les temples et les autels.

Le monastère de Calviac dut se ressentir de cette royale influence. Toutefois, nous trouvons que le nombre des moines en était considérablement diminué, de sorte qu'il n'était à cette époque qu'une désolée solitude. L'Abbaye de Sarlat florissait au contraire dans toute sa splendeur. Elle ne voyait pas sans quelque déplaisir, sans une pieuse jalousie que les corps de saint Sacerdos et de sainte Mondane fussent toujours en la possession des moines de Calviac. Les moines

(1) Sarlat avait consacré dans sa liturgie la reconnaissance de ce bienfait. On y célébrait la fête de saint Charlemagne le 28 janvier, sous le titre de *restaurateur* de l'église de Sarlat.

de Sarlat crurent le moment favorable pour
s'approprier ces corps sacrés et les transporter
dans leur église. « Et comme ils virent, conti-
» nue l'auteur que nous avons déjà cité, que
» l'ancien monastère de Calviac était réduit à
» une pauvre solitude, et que les corps de saint
» Sacerdos et de sainte Mondane, sa mère, n'y
» recevaient pas les honneurs qui leur étaient
» dus, à cause du petit nombre de moines,
» ils allèrent de nuit à Calviac, pénétrèrent dans
» l'église, ouvrirent les deux sépulcres qui ren-
» fermaient les corps de saint Sacerdos et de
» sainte Mondane, en retirèrent les saintes reli-
» ques, les transportèrent à Sarlat et les placè-
» rent dans l'église de Saint-Sauveur qui, dès ce
» moment, s'appela *de Saint-Sacerdos.* »

Ceci se passait sous le règne de Charlemagne,
c'est-à-dire avant l'année 814. L'église de Sarlat
célébrait la fête de cette translation le 3 du mois
de juillet. Dès ce moment, saint Sacerdos fut

le patron de l'Abbaye et de la ville de Sarlat, et
lorsque, en 1317, cette Abbaye fut érigée en
évéché par le pape Jean XXII, saint Sacerdos fut
le patron du nouveau diocèse.

Nous ne pouvons adopter l'opinion du chanoine Tarde, qui fixe à l'année 1140 la translation du corps de saint Sacerdos; car le monastère de Calviac fut détruit par les Normands,
vers l'année 848, et il ne se releva jamais de ses
ruines.

Placées dans l'église du monastère de Sarlat,
les deux saintes reliques furent en grande vénération, et, pendant bien des siècles, elles furent
comme le Palladium de la ville qui savait, aux
jours de grandes calamités, s'agenouiller devant
elles et les porter solennellement le long des rues
et sur les places publiques.

XII.

Comment le corps de saint Sacerdos étant transporté dans le monastère de Sarlat, il s'y opéra plusieurs miracles.

Les faits que nous allons raconter sont tous extraits de l'ouvrage du moine Hugues de Sainte-Marie. Ils prouvent en quelle vénération était saint Sacerdos, son crédit auprès de Dieu et la confiance des fidèles. Ce côté merveilleux de l'histoire de notre saint n'est pas le moins intéressant. Nous allons l'exposer aux regards de nos lecteurs avec la simplicité et la naïveté du premier légendaire, que nous traduisons presque

littéralement. Nos lecteurs admireront et seront
pieusement édifiés.

I. — Feu de temps après que le corps du
glorieux évêque Sacerdos eut été transporté dans
l'église de Saint-Sauveur, dont nous avons plusieurs fois parlé, le jour même du Vendredi
Saint, le feu prit à la boulangerie des moines.
Déjà il avait été trois fois éteint, et trois fois il
s'était rallumé et, la dernière fois, avec une telle
ardeur, qu'il avait eu bientôt gagné les habita-
tions voisines. Aussitôt des cris, des clameurs
se font entendre ; on accourt précipitamment de
toutes les parties de la ville ; on se presse, on
attaque avec vigueur de tous côtés le foyer de
l'incendie. Mais, efforts inutiles ; le feu se pro-
page et gagne le faîte des maisons d'alentour,
et bientôt, poussées par la violence du vent, les
flammes atteignent l'église de Saint-Sauveur.

Cependant, on se précipite vers les cloches
pour sonner l'alarme ; leur son lugubre couvre

toute la cité. Il faut sauver les ornements inté-
rieurs de l'église et les objets précieux ; on les
enlève à la hâte. L'objet le plus précieux était
le corps de saint Sacerdos ; on l'emporte hors de
l'église , et le peuple, apercevant la relique
sainte, tombe à genoux et, avec l'accent de la
plus tendre, de la plus confiante piété, il récla-
me le secours du saint Patron. Ce n'est pas en
vain. Bientôt on voit venir du côté de l'orient,
au milieu d'un ciel des plus purs, un petit nuage
qui grossit à mesure qu'il s'avance ; et tous les
yeux peuvent distinguer une blanche colombe
qui le précède et semble le guider. Lorsqu'il est
arrivé à couvrir le lieu de l'incendie, alors de
ses flancs entrouverts s'échappent des torrents
de pluie, qui tombent précipités sur le feu. On
voit alors comme une lutte entre les deux élé-
ments ; mais, enfin, le feu succombe vaincu
sous l'action puissante de l'eau. Et chacun de
remercier Dieu et de célébrer les louanges du
bienheureux Sacerdos.

Dieu voulut manifester, par ce miracle, la
gloire et la puissance de saint Sacerdos, et con-
sacrer, en quelque sorte, sous son patronage et
sanctifier cette église, où le corps du Saint avait
été apporté depuis si peu de temps; il voulut
aussi montrer combien lui seraient agréables les
prières qu'on lui adresserait en ce lieu, au nom
de ce fidèle serviteur.

II. — Le pape saint Léon (1), comme témoignage de sa bienveillance particulière pour
l'église du Sauveur du monde et de saint Sacerdos, l'avait honorée d'un privilége spécial. Il
avait prononcé anathème contre quiconque ose-
rait, sans avoir été légitimement élu par les
moines, s'arroger la possession et le gouverne-
ment de cette église, ou enlever, diminuer,
aliéner les biens lui appartenant. Un certain
Hubert, clerc tonsuré, ne tenant aucun compte
de la défense du souverain pontife, fort de l'ap-

(1) Saint Léon IV qui siégea de 847 à 855.

pui que lui prêtait le comte du périgord, Willaume I, s'empara du pouvoir, c'est-à-dire du
titre d'Abbé du monastère duquel dépendait
cette église, et, la dépouillant de tous ses biens,
il la ruinait chaque jour davantage et en faisait
un lieu de désolation. Mais, une nuit qu'il était
profondément endormi, saint Sacerdos, suivi
de deux compagnons, lui apparut en songe et,
lui reprochant sa témérité, le réprimanda ainsi :
« Pourquoi, homme très-mauvais, as-tu eu la
» témérité, au mépris du décret apostolique,
» de t'emparer des biens de cette sainte église?
» Pourquoi as-tu pris le nom et l'autorité
» d'Abbé? Pourquoi as-tu enlevé les meubles
» précieux de ce monastère ? » Et, parlant
ainsi, il levait le bâton qu'il tenait à la main,
pour en frapper le coupable ; mais, comme le
même Hubert l'a rapporté plus tard, le Saint,
cédant aux prières de ses deux compagnons,
laissa tomber le bâton sans frapper. Quant au
malheureux, il fut saisi d'une vive frayeur par

suite de cette vision et sauta précipitamment de
son lit: Mais bientôt, pensant qu'il avait été le
jouet de son imagination, il n'en tint aucun
compte et continua à se livrer à tous les excès.
Or, tandis que, plus furieux que jamais et semblable à l'aspic qui se rend sourd en se bouchant
les oreilles, il se livre à tous les crimes; voilà
qu'une autre nuit le saint pontife lui apparaît
encore, plus sévère cette fois et plus menaçant,
et lui dit : « Comment vas-tu, Hubert? Veil-
» les-tu, ou dors-tu? — Et celui-ci, saisi à
» l'instant d'une grande frayeur, lui répond :
» Qui êtes-vous, Seigneur? — Et le Saint lui
» dit : Est-ce que tu ne me connais pas? Ne
» m'as-tu pas déjà vu? Pourquoi as-tu méprisé
» mes premiers reproches? » Et, cela dit, il
lève son bâton et se met à le frapper durement
sur la tête et sur tout le corps. Et le malheureux
de crier à l'instant : « Pardon, Seigneur! Par-
» don, Seigneur! » Et confessant sa faute à
grands cris, mais un peu tard, il saute de son

lit, et, hors de lui même et comme fou, il s'en-
fuit précipitamment à travers les cloîtres, au
grand étonnement de tous les moines accourus
à ses cris ; il s'échappe du monastère , et,
fuyant la vue des hommes, il va se cacher
dans une petite cabane dans les champs. Il y
est rencontré par des passants qui s'empa-
rent de lui et le reconduisent au monastère, où
il est gardé à vue. Et les peuples de tout ce pays,
apprenant ce qui s'était passé, rendaient grâces
au Sauveur Jésus et publiaient les mérites de
saint Sacerdos. Et le coupable Hubert, mourant
et ne cessant de répéter ! « C'est ma faute, saint
« Sacerdos, c'est ma faute ! » subit le juste châtiment qu'il avait mérité par ses excès. Et tous
ceux qui entendirent parler de ce prodige, purent
comprendre de quels châtiments est digne celui
qui ose usurper une autorité quelconque sur le
troupeau de Jésus-Christ, et porter une main cu-
pide et sacrilége sur les biens de son Eglise.
Quant au comte Willaume qui avait favorisé l'u-

surpation d'Hubert en lui vendant le monastère
et l'église dont nous venons de parler, il fut
frappé d'une paralysie complète de tous ses membres qui le rendit tout difforme, et, après quelques années de cruelles souffrances, il mourut
misérablement.

III. — Les habitants de Calviac n'avaient pas
oublié leur saint Sacerdos. Ils allaient fréquem-
ment le visiter dans le monastère de Sarlat, où
reposait son corps. Un jour plusieurs d'entre eux
s'y rendaient selon l'usage. Or, il arriva que
deux pauvres, le mari et la femme, qui avaient
acheté dans leur pénurie un cierge et un peu de
vin, pour en faire l'offrande au saint protecteur,
suivaient, mais de loin, le groupe des pélerins.
Dans leur isolement ils firent la rencontre d'un
malfaiteur qui, se précipitant sur eux, leur enleva le vin qu'ils portaient. Privés ainsi de
l'offrande qu'ils voulaient faire au Saint, au
lieu de s'en retourner à leur village, les deux

pauvres hâtèrent leurs pas pour arriver plus tôt
au monastère, et, entrant dans l'église, ils se
prosternèrent et demandèrent à Dieu et à son
serviteur, Sacerdos, de tirer vengeance de
l'injure qui leur avait été faite.

Cependant le voleur voulut boire le vin, objet
de ses convoitises, mais inutilement lui et ses
compagnons essayèrent-ils d'enlever le couvercle
qui couvrait le vase; leurs efforts furent impuis-
sants. Ils le percèrent alors avec une lance; mais,
nouveau prodige, vainement ils renversèrent le
vase, le vin ne coula pas. Et en même temps, le
voleur, frappé justement de Dieu, fut livré à la
puissance du démon et, entrant dans une violente fureur contre lui-même, il devint le ven-
geur de son propre crime. Dans sa fureur, il
se déchira avec ses dents les mains et les bras,
puis, poussé par sa rage, il se jeta sur les assistants et chercha aussi à les déchirer. On s'empara
alors de lui et on l'attacha avec de fortes cor-

des, et immédiatement il expira au milieu des
plus cruelles tortures, confessant le crime qu'il
avait commis. Les témoins d'une mort si horri-
ble s'empressèrent d'apporter le vase encore
plein au monastère et le suspendirent dans
l'église de saint Sacerdos, en mémoire de ce
grand miracle.

IV. — Peu de temps après, un malade était
dévoré par l'ardeur de la fièvre. Il lui fut dit en
songe que s'il buvait du vin dont nous venons
de parler, il serait aussitôt guéri. On lui en
apporta, et, à peine en eut-il goûté, que la fièvre
le quitta, et il fut complètement guéri. Ce même
vin produisit les mêmes effets sur d'autres malades qui en burent avec foi et piété. Et il en
arriva ainsi jusqu'au moment où il fut entièrement épuisé.

V. — Durant les fortes chaleurs d'un été,
plusieurs pélerins étaient venus à l'Oratoire de

saint Sacerdos pour y satisfaire leur dévotion,
et, après avoir fait leur prière et déposé leur
offrande, ils s'en retournaient. Ils portaient avec
eux un vase plein de vin, qui devait leur servir
à se désaltérer et à se rafraîchir dans le voyage.
Or, il arriva qu'ils furent bientôt accablés de
lassitude, n'en pouvant plus de chaleur et de
soif, et ils s'assirent sur le bord du chemin pour
se désaltérer. Mais à peine avaient-ils repris
leur marche, que la chaleur devint plus acca-
blante et leur soif plus intolérable. Ils s'arrêtè-
rent donc de nouveau, se disant les uns aux
autres : « Buvons encore, car les bienfaits et la
» protection de saint Sacerdos ne nous manque-
» ront pas. » Et, cela dit, ils ouvrent leur vase
et le trouvent entièrement plein, comme s'ils
n'avaient pas déjà bu une première fois. Enfin,
ils arrivent à une hôtellerie ; ils s'y arrêtent, et là
ils boivent encore, et leur étonnement augmente,
car ils trouvent toujours leur vase plein. La nouvelle d'un tel prodige se répand, et tous les

habitants du lieu accourent, les uns après les
autres, et tous ceux qui viennent boivent, et
c'est toujours comme si on n'avait rien ôté du
vase.

Alors les pieux pélerins se hâtent de reprendre le chemin du monastère, racontant à tous
ceux qui veulent les entendre le miracle que
saint Sacerdos a opéré en leur faveur; et, im-
puissants d'exprimer leur joie et leur admiration,
ils déposent le vase dans l'église du Saint et rendent grâces à Dieu.

VI. — Dans un autre temps, d'autres pélerins
se rendaient à l'église de saint Sacerdos. Un
chien, fidèle compagnon de leur voyage, les suivait. Apercevant dans un champ voisin un troupeau de brebis, l'animal se précipita au milieu
et, par ses aboiements réitérés, les dispersa au
loin dans les champs. Rappelé aussitôt par son
maître, le chien revint auprès des voyageurs, et

ceux-ci, continuant leur marche, arrivèrent à l'église de saint Sacerdos. Après avoir satisfait à leur dévotion, ils reprirent le chemin de leur pays.

Cependant, le gardien du troupeau avait porté plainte à son maître et s'était efforcé de l'exaspérer contre les pélerins ; il n'y avait que trop bien réussi. Le paysan, propriétaire du troupeau, prend des armes et va se poster sur le chemin où les pélerins passeront à leur retour. Dès qu'il les aperçoit, il commence par leur adresser les plus grossières injures. Pour l'apaiser, les pélerins s'offrent à lui payer le dégât que lui a causé le chien. Mais le paysan n'écoute ni leurs offres ni leurs excuses ; il se précipite sur eux, les frappant et cherchant à leur enlever leurs hardes. Les pélerins invoquent alors saint Sacerdos et l'appellent à leurs secours : et le paysan de rire et de tourner en ridicule leurs supplications. Et ceux-ci, ne se sentant pas le

courage de lutter et de repousser la force par la
force, abandonnent leurs bagages, prennent la
fuite et reviennent à l'église de saint Sacerdos.
Et pendant qu'ils adressent au Saint leurs prières
et se plaignent à lui des mauvais traitements
qu'ils ont reçus, le rustre paysan est frappé de
paralysie dans tous ses membres. Alors, ses parents le placent sur un brancard et le portent
ainsi au monastère de saint Sacerdos pour qu'il
fasse amende honorable au Saint qu'il a offensé.
C'était le jour même où l'on célébrait sa fête. Et
voilà que, vers le coucher du soleil, ils entrent
dans l'église où repose son corps; ils racontent
ce qui s'est passé, et offrent ce malheureux paralytique comme témoin irrécusable de la vérité
de ce qu'ils racontent.

Le malheureux n'obtint pas sa guérison; il
resta privé de l'usage de ses membres et mourut vers le milieu de la nuit.

VII. — Un chevalier revenait de faire ses dévo-

tions au monastère de saint Sacerdos. Il fait la
rencontre d'un homme qui lui avait causé de
grands torts et qui, lui aussi, allait prier sur le
tombeau du Saint. Par une respectueuse crainte
de saint Sacerdos, dont il a vu et entendu raconter les miracles, il passe à côté de son ennemi
sans tirer aucune vengeance de l'injure qu'il a
reçue. Mais un cavalier qui suivait de loin le
chevalier, rencontrant à son tour le pélerin, commence à lui reprocher en termes très-vifs sa conduite et cherche à l'effrayer par ses menaces.
Et le pélerin, plein de confiance en la protection
de saint Sacerdos, répond hardiment à son
agresseur qu'il ne le craint pas. Alors, celui-ci,
furieux et se croyant méprisé par le pélerin, di-
rige vivement sur lui son cheval et lui enlève sa
tunique qu'il avait placée sur la tête pour se ga-
rantir des ardeurs du soleil. Mais le pélerin im-
plore à l'instant le secours de saint Sacerdos, et
sa tunique vient d'elle-même se replacer sur sa
tête, et le cavalier est jeté à terre, et, dans sa

chûte, se fracture une jambe; et le cheval, devenu furieux, le foule de ses pieds, et puis, toujours furieux, s'élance à travers les champs. Enfin, il est arrêté, mais il tombe mort au même
instant. Huit jours après on portait ce cavalier
à l'église du Saint pour lui demander pardon et
le prier de le guérir; mais il mourut en chemin,
ne méritant pas d'avoir pour protecteur celui
dont il avait méprisé la vertu.

XIII.

Autres miracles de saint Sacerdos.

Nous arrivons à une autre série des miracles de saint Sacerdos. Ceux que nous venons de raconter font voir comment le saint pontife poursuivait et confondait les méchants et les superbes : nous allons montrer comment il soulageait les malades et tous les affligés qui imploraient sa protection. Mais avant de commencer cette seconde série, le moine Hugues de Sainte-Marie fait quelques réflexions que nous ne de-

vons pas négliger. « Toutes les fois, dit-il, que
les saints paraissent exercer une vengeance contre quelque ennemi de Dieu, comme nous
voyons qu'il arriva à Simon le magicien, qui,
au commandement des apôtres saint Pierre et
saint Paul, fut précipité des hauteurs où il s'était
élevé, nous devons savoir que c'est alors Dieu
qui exerce sa justice par le ministère des saints,
en punissant par un juste jugement ses ennemis,
pour la gloire de son nom et la gloire de ces
mêmes saints. On doit donc d'autant plus les
craindre et les respecter qu'il est certain que
Dieu est présent partout et plus spécialement
dans les lieux consacrés à son nom et aux saints,
et qu'il peut venger les injures qui leur sont
faites, quand il veut et comme il veut. Et c'est
ainsi qu'un saint, tandis qu'il protége contre les
injures de leurs ennemis ceux qui lui sont dévoués, et que, par un juste jugement de Dieu,
il punit les impies, il ouvre à ceux qui l'implo-
rent un refuge assuré ; et tandis qu'il frappe et

confond le superbe pour l'éloigner du lieu saint qu'il profanerait, il donne toute sécurité à ceux qui y cherchent humblement un asile auprès de lui.

I. — Quelque temps après la mort de saint Sacerdos, il y eut sur le territoire du Quercy, en un lieu appelé *Pont-de-Rode*, l'assemblée générale des évêques, des prélats et du clergé de la province. Pour donner plus d'éclat et de solennité à cette réunion, on y apporta les corps saints que l'on possédait. Le corps de notre saint Sacerdos y fut apporté et retenu pendant quelque temps ; et il se faisait autour de lui un grand concours de fidèles, attirés par les miracles que le Saint opérait. — Il y avait dans la contrée une noble dame qui nourrissait de ses aumônes un jeune homme, aveugle de naissance. Et cet aveugle, ayant appris que le corps de saint Sacerdos avait été apporté au lieu dont nous venons de parler, pria la noble dame, sa bienfaitrice, et lui dit :

7

« Faites-moi l'aumône d'un cierge, et j'irai le
» faire brûler auprès du corps du saint évêque,
» et Dieu me donnera la vue par les mérites du
» Saint, son serviteur. » Et la noble dame lui
répondit : « Moi-même pour vous j'irai présenter
» le cierge que vous désirez offrir à l'illustre
» Saint, car je n'ai personne que je puisse en-
» voyer pour vous accompagner et vous con-
» duire au milieu de ce grand concours de
» peuple. » Et elle se hâta de faire ce qu'elle
venait de promettre, et il arriva ce que l'aveugle
avait désiré et annoncé ; car, au même moment
que la noble dame plaçait le cierge auprès du
corps du Saint, l'aveugle de naissance, resté
dans la maison de sa bienfaitrice, recevait la
vue, et, pour la première fois, ouvrait les yeux à
la lumière du jour. Et les témoins de ce prodige,
ravis d'admiration, s'empressèrent de conduire
le jeune homme auprès du corps du Saint, pour
rendre grâces à Dieu et à saint Sacerdos, le
fidèle serviteur de Dieu.

II. — Une jeune fille, possédée du démon, fut conduite par ses parents auprès du corps de saint Sacerdos, pour que le Saint daignât la délivrer. Après avoir passé plusieurs jours auprès du corps vénéré, pendant lesquels le démon ne cessa de proférer par sa bouche les blasphèmes les plus atroces, elle fut enfin délivrée par les mérites du Saint, et rendue heureuse à ses parents.

III. — Un enfant du voisinage, âgé de dix ans, était aveugle, sourd et muet de naissance. Il fut conduit au monastère de saint Sacerdos; il passa vainement plusieurs jours et plusieurs nuits auprès du corps du Saint; découragé d'attendre, on le ramenait dans la maison de son père. Mais, sorti de l'église sans aucun espoir d'être exaucé, il trouve en chemin sa guérison subite; il voit, il entend, il parle, et se hâte, avec ceux qui l'accompagnent, de revenir au monastère rendre grâces à Dieu et au fidèle serviteur de Dieu.

IV. — Un autre enfant, âgé de sept ans, qui
ne parlait pas encore, fut conduit par son père
au tombeau de notre Saint. Ils passèrent une
nuit à prier, mais sans être exaucés. Ils s'en
retournaient le lendemain, et, au moment où ils
entraient dans leur village, l'enfant fut guéri;
il commença à parler, louant et remerciant saint
Sacerdos.

V. — Une femme, aveugle depuis plusieurs
années, alla prier sur le tombeau de saint Sacerdos. A son arrivée, les fidèles se rendirent en
foule à l'église, et là, au moment où tous
priaient avec confiance et une remarquable ferveur, l'aveugle recouvra la vue, et un ruisseau
de sang, coulant de ses yeux, attesta que c'était
bien par les mérites du Saint qu'elle avait été
guérie.

VI. — Une autre femme, de la ville de Limoges, était privée depuis douze ans de l'usage de
ses membres, à cause de la faiblesse de ses

nerfs. Elle se souvint du saint évêque de Limoges, elle se recommanda à lui, et, pleine de confiance, elle se fit conduire à son tombeau pour y faire son offrande. Elle y recouvra la force qu'elle avait perdue, et rendit gloire à Dieu et à saint Sacerdos.

VII. —Dans un autre temps, un jeune homme vint au monastère de saint Sacerdos. Il était muet de naissance; il fut guéri comme il l'espérait : il remercia avec effusion d'amour son bienfaiteur, et s'en retourna heureux dans son pays.

VIII. — Dans un autre temps encore, Dieu, manifestant sa puissance dans la même église, daigna opérer trois miracles pour faire éclater les mérites de Sacerdos, son serviteur. Un jour qu'on célébrait la fête du saint pontife, l'église étant remplie par la foule des fidèles, un muet recouvra la parole, un aveugle la vue, et une

femme paralytique, qu'on avait apportée sur
son grabat devant l'autel de saint Sauveur, recouvra l'usage de ses membres.

IX. — A une autre époque, le jour aussi de
la fête du glorieux Saint, et lorsque la foule
remplissait l'église, il arriva que deux villageois
amenèrent chacun un enfant muet de naissance,
pour les mettre sous la protection de saint Sacerdos. Un de ces enfants était en outre perclu
de tous ses membres. Tous deux furent guéris
par la grâce de Dieu et les mérites de saint Sacerdos, et s'en retournèrent dans leur pays, heureux et louant Dieu.

X. — Un noble chevalier, appelé Eubole (1),
nourrissait un pauvre pour l'amour de Dieu et

(1) Nous trouvons vers l'année 900 un Eubole ou Eubale,
comte du Poitou, d'où sont sortis les deux Guillaume, l'un
et l'autre duc d'Aquitaine et comte de Poitiers. Il peut être
question ici de cet Eubole.

le salut de son âme. Ce pauvre, sourd et muet, se voyant accablé par la misère, s'était réfugié dans le manoir de ce chevalier; il y avait été bien accueilli. Ayant perdu son père et sa mère, il ne connaissait qu'Eubole; mais Dieu, qui n'oublie jamais le pauvre, avait donné à celui-ci ce noble chevalier pour patron et pourvoyeur de tous ses besoins. Un jour Eubole, encouragé par la réputation très-illustre du bienheureux Sacerdos, portée au loin dans toute la province par les nombreux miracles que Dieu opérait par son entremise, envoya au monastère de Sarlat le pauvre, son protégé, pour que le Saint le guérît, comme il en guérissait tant d'autres. En conséquence, les gens du noble Eubole étant venus auprès du tombeau de saint Sacerdos, y déposèrent l'offrande que leur maître leur avait confiée, puis se prosternèrent la face contre terre, priant avec ferveur pour la guérison du pauvre aveugle. Mais, le soir étant venu, comme ils se disposaient à passer là la nuit en prière, ainsi

que leur maître le leur avait ordonné, les gardiens de l'église les invitèrent à se retirer. Ils
refusèrent de sortir, et n'osant pas employer la
force, ils firent usage de la prière pour qu'on
leur accordât la faveur qu'ils réclamaient. Les
gardiens insistant toujours pour les faire sortir,
les pélerins comprirent qu'il fallait s'exécuter;
mais avant de quitter leur place, toujours pros-
ternés et comme par un suprême effort de leur
foi et de leur piété, ils élèvent la voix et invoquent le nom de saint Sacerdos. Leur prière est
exaucée; à l'instant le pauvre, sourd et muet de
naissance, est guéri, il entend, il parle. Et tous
les assistants, transportés de joie, rendent gloire
et actions de grâces au Seigneur, qui, à la prière
de son serviteur Sacerdos, vient de guérir ce
malheureux. Les anciens du lieu lui ayant demandé son nom, comme il ne put le leur dire,
ne l'ayant jamais entendu prononcer, ils l'appe-
lèrent *Sauvé*, en mémoire de sa guérison mira-
culeuse.

Ce pauvre resta longtemps dans ce monastère, et il racontait à tous ceux qui y venaient,
le miracle que le Saint avait opéré en sa faveur.

XI. — C'était le très-saint jour de Pâques, et
la foule des fidèles remplissait l'église de saint
Sacerdos. Parmi ces fidèles se trouvait un certain Adémard, d'une illustre famille de la ville
de Montignac. Il était là pendant la célébration
des saints mystères pour y recevoir la commu-
nion pascale. Il n'avait pas voulu s'abstraindre
à la discipline à laquelle ses parents l'avaient
soumis pour lui faire apprendre les lettres, et il
s'était fait voleur, et souvent il avait dépouillé
les marchands, les pélerins et autres voyageurs
qui passaient dans son pays; et il n'était point
de vexations qu'il ne fît subir aux paysans, ses
voisins, et il appliquait son esprit à chercher
tous les moyens de leur nuire. Donc, comme
nous l'avons dit, il était au milieu de la foule
des fidèles dans l'église de saint Sacerdos; le prê-

tre récitait l'Evangile. Adémard, debout comme
les autres, semblait profondément recueilli;
mais voilà que, sans éprouver la moindre indis-
position, il tombe subitement, comme foudroyé,
sur le pavé du temple. Qu'était-il arrivé? Il le
raconta lui-même plus tard. Saint Sacerdos lui
était apparu, couvert de la mitre épiscopale et
tenant à la main le bâton pastoral avec lequel il
l'avait fortement frappé sur le cou et l'avait forcé
de tomber à terre.

Cependant les fidèles qui entouraient Adémard
s'étaient empressés de le relever et l'avaient em-
porté dans l'intérieur du cloître. La messe était
à peine terminée, que l'abbé et les moines accou-
rurent, et, en leur présence, le malheureux
Adémard, rappelant dans son esprit les crimes
qu'il avait commis, et se croyant près de mourir,
confesse à haute voix et fondant en larmes qu'il
a irrité par ses crimes le Seigneur Dieu, et qu'il
a bien mérité la colère de saint Sacerdos. Alors

l'abbé et les moines, compatissant à son malheur, le revêtent de l'habit monastique et l'admettent au remède salutaire de la pénitence. Le malheureux, la tête toujours inclinée par suite des coups qu'il avait reçus, resta malade pendant toute la semaine, et, le huitième jour, il rendit enfin le dernier soupir. Cette mort jeta partout l'épouvante, et la crainte d'avoir une fin semblable fit que plusieurs s'appliquèrent à offrir au Seigneur le fruit toujours agréable et salutaire de la pénitence.

XII. — Un nommé Seguin, moine du monastère de saint Sacerdos, un peu trop épris de la vie du siècle, s'absentait facilement du monastère. Il s'était acquis une grande renommée par son éloquence et son érudition, et il était le familier des seigneurs et des grands du pays. Il ne pouvait supporter le joug de la règle, et on le voyait tantôt d'un côté, tantôt de l'autre, dans les églises du voisinage. A l'époque dont nous

parlons, il demeurait chez un puissant Seigneur,
non loin de son monastère, en un lieu appelé
Carlux. Le jour de la naissance du Sauveur, jour
très-célèbre dans tout l'univers, approchait, et
le seigneur de Carlux se disposait à aller passer
la nuit qui précède ce jour dans l'église du bienheureux Sacerdos. Mais le moine Seguin, voulant le détourner de son pieux projet, lui promit
de célébrer dans l'église du lieu tous les offices
de cette nuit comme s'il était dans l'église du
monastère. Son avis prévalut, et le seigneur ne
se rendit point au monastère de Sarlat. Le soir
donc, après avoir pris son repas, le moine Seguin entre avec un autre prêtre dans la chapelle
contiguë à la demeure du seigneur. Il ne tarde
pas à s'y endormir d'un profond sommeil. Et
voilà que saint Sacerdos lui apparaît et lui dit :
« Pourquoi, Seguin, dors-tu ici, oublieux de
» ton devoir? Ne vaudrait-il pas mieux être avec
» tes frères, à célébrer l'office prescrit en une
» si grande solennité? » Seguin lui répond :

« Qui êtes-vous, Seigneur? » Alors le Saint le regardant, lui dit d'un ton plus sévère : « Ne » me connais-tu pas? Pourquoi fuis-tu loin de » Sacerdos et de ton monastère? » Et, ayant dit cela, il le prend par les cheveux, lui incline fortement la tête sur l'épaule, et, le jetant au pied de l'autel, il le frappe à coups redoublés. On entendait de loin le bruit des coups et les cris de désespoir du patient; que dire de plus? Le malheureux moine est laissé à demi-mort.

Cependant le prêtre dont nous avons parlé voyait et entendait toutes ces choses, et, saisi d'une immense frayeur, ne savait que faire ni que devenir. Mais la nuit était déjà passée et l'aurore commençait à poindre, et les habitants du lieu, sortant de leurs demeures, s'étonnaient que le prêtre tardât tant à célébrer l'office de cette nuit si solennelle, et, venant jusqu'à la porte de la chapelle, ils appellent le chapelain et l'invitent en paroles moqueuses à se lever. Et

celui-ci, rassuré par leur presence, ouvre les
portes de la chapelle, et, encore tout ému, leur
raconte ce qui s'est passé. Alors, tous ensemble
avec ce prêtre, se hâtent de se rendre au monastère du serviteur de Dieu, et lorsque les
moines ont terminé l'office, ils les font réunir et
leur racontent le châtiment du moine infidèle.
Et tous virent dans la mort si misérable de leur
frère une leçon donnée à tous les moines de ne
point se soustraire au joug de leur règle, d'aimer
leur solitude et de ne jamais manquer à leur
office, en quelque lieu qu'ils se trouvent.

XIII.—A une autre époque, des marchands,
chargés de marchandises, se rendaient à Toulouse et passaient par la ville de Sarlat. Attirés
par la réputation des vertus et des miracles du
glorieux saint Sacerdos, ils étaient entrés dans
son église pour y prier et y recommander leur
personne et leurs biens au Seigneur et à saint
Sacerdos. Et ils poursuivaient leur chemin lors-

que des malfaiteurs tombent sur eux et les amè-
nent dans un village, où leur liant les mains et
les pieds avec de fortes chaînes, ils leur font
subir toutes sortes de mauvais traitements. Ils
restent ainsi trois jours, après lesquels se sou-
venant de saint Sacerdos, ils lui adressent une
prière fervente. Ce n'est pas en vain. La divine
miséricorde, priée par saint Sacerdos, vient à
leur secours, et, la troisième nuit, les chaînes
tombent d'elles-mêmes de leurs mains et de leurs
pieds, et les pauvres captifs sont rendus à la
liberté. Ils ne sont pas ingrats, ils se hâtent de
rebrousser chemin et d'aller remercier saint Sacerdos et de suspendre leurs chaînes aux parois
de son église. Et les malfaiteurs, à la vue du
miracle qui s'est opéré, sont pénétrés d'un profond repentir. Ils suivent de près leurs victimes
et arrivent aussi à l'église de saint Sacerdos pour
demander pardon au Saint. Et là, tous ensemble, confondant l'expression du repentir avec
l'expression de la joie et de la reconnaissance,

rendent gloire à Dieu, leur Sauveur et leur li-
bérateur, et à Sacerdos, le fidèle serviteur de
Dieu.

Hugues de Sainte-Marie termine ici le récit
des miracles de saint Sacerdos, et, en finissant,
il dit : « Je passe sous silence beaucoup d'autres
» miracles que Dieu a opérés et opère tous les
» jours pour la gloire de son serviteur Sacerdos,
» et la gloire de l'église de Sarlat, dont cet
» illustre Saint est le Patron. »

XIV.

Comment l'église de Sarlat possédait le corps de saint Pardoux ; et ce qu'il advint de sa présence auprès du corps de saint Sacerdos.

Les miracles que nous venons de raconter et ceux que le moine de Fleuri dit passer sous silence, eurent lieu du jour de la translation du corps de saint Sacerdos dans le monastère de Sarlat, jusqu'au XIe siècle. Nous devons suppléer au silence de notre légendaire par le récit d'un fait remarquable et peu connu, qui se rattache au culte rendu à saint Sacerdos, et nous donne la mesure de l'amour que les moines et

8

les habitants de Sarlat avaient pour leur saint
Patron. Nous le tirons de la chronique de Geoffroy de Vigeois. Il a échappé au moine de Fleuri,
au chanoine Tarde lui-même.

Le corps de saint Pardoux, Abbé du monastère
de Guéret, avait été transporté de ce monastère
dans celui de Sarlat, nous ne savons pourquoi
ni à quelle époque. Geoffroy de Vigeois et les
auteurs qui ont raconté ce fait après lui et
d'après sa chronique, se taisent à ce sujet.
Geoffroy nous dit seulement que cette translation
eut lieu longtemps après la mort de saint Pardoux. Or, nous savons que ce saint mourut le
troisième jour de novembre de l'année 743.
D'après cette date, on peut supposer que la
translation du corps de saint Pardoux à Sarlat
eut lieu dans le IXe siècle, lors de l'irruption des
Normands, dans le but de soustraire cette sainte
relique à la fureur de ces barbares qui, comme
le remarque le P. Dupuy, « en voulaient spécia-

lement aux corps saints des chrétiens. » (1)
Nous voyons en effet, ainsi que nous l'avons dit
dans la *Vie de saint Sour* (2), qu'à cette époque
les reliques de saint Martial furent transportées
de Limoges dans le château-fort de Turenne, et
placées sous la sauvegarde du Vicomte, celles de
sainte Madegolde au couvent de Vigeois, celles
des saints Innocents dans l'antique château
d'Alassac. Ce fut peut-être à cette occasion, et
pour un motif semblable, que le corps de saint
Pardoux fut transporté à Sarlat.

Quoi qu'il en soit de l'époque et des motifs
de cette translation, les moines de Sarlat reçu-
rent avec joie, comme une bénédiction de Dieu,
le corps de saint Pardoux, et le placèrent dans leur
église [auprès du corps de saint Sacerdos. Ils
eurent lieu de s'en repentir. Les nombreux miracles que saint Pardoux opérait attirèrent un

(1) Etat de l'Eglise du Périgord, tom. i, page 207.
(2) *Vie de saint Sour*, page 236.

grand concours de fidèles, qui, tous les jours,
venaient prier et se mettre sous sa protection.
Saint Sacerdos parut être oublié. On ne voyait
auprès de son tombeau que de rares fidèles;
tous les vœux, toutes les prières, tous les hom-
mages, toutes les offrandes étaient pour saint
Pardoux. Ceci contraria beaucoup les moines,
dit ingénument le chroniqueur de Vigeois. Les
choses en vinrent à ce point, que, ne pouvant
plus souffrir cette préférence donnée à un saint
étranger, au préjudice d'un saint du pays, patron du monastère et de la ville, ils retirèrent à
saint Pardoux l'hospitalité qu'ils lui avaient
offerte dans leur église, et le transportèrent hors
du monastère, dans l'église de Saint-Jean. Mais
la piété et la confiance des fidèles suivirent le
Saint dans sa nouvelle retraite, et il eut encore
toutes les faveurs, quoique, les miracles deve-
nant moins nombreux, le crédit et l'influence
des deux saints parussent être à peu près les
mêmes.

Le corps de saint Pardoux demeura dans l'église de Saint-Jean jusqu'aux premières années du XIe siècle. Y fut-il pendant tout ce temps l'objet du déplaisir des moines Sarladais? Geoffroy de Vigeois n'en parle pas; mais il est permis de le supposer, car nous voyons par le même Geoffroy que dans les premières années du XIe siècle, un moine, plus chaud partisan sans doute que les autres de saint Sacerdos, résolut d'enlever furtivement le corps de saint Pardoux, pour le livrer à un puissant seigneur du Limousin, nommé Gui de Lastour.

Ce Gui de Lastour, surnommé *le Noir*, se faisait remarquer parmi les seigneurs Limousins par sa probité. Il avait épousé une femme non moins illustre que lui par sa naissance : Engalice, fille du seigneur de Malemort, et petite-nièce, par sa mère, de saint Geraud d'Aurillac. Il avait déjà bâti, avec l'aide du comte de Périgord, le château de Pompadour, pour se défendre contre

le vicomte de Ségur. La paroisse d'Arnac, dans
laquelle se trouvait ce château, existait déjà,
mais elle n'avait pour église qu'une petite chapelle, et encore tombait-elle en ruine. Gui de
Lastour, de concert avec sa femme Engalice,
avait remplacé cette chapelle par une église plus
grande et l'avait magnifiquement décorée.

C'était, en ce temps-là, une grande fortune
pour une nouvelle église que la possession d'une
insigne relique, pour y attirer les fidèles et la
mettre en renom dans toute la contrée. C'est
pourquoi le moine de Sarlat, dont nous avons
parlé, apprenant que Gui de Lastour avait bâti
une église, alla le trouver et s'offrit à lui porter
le corps de saint Pardoux, dont la présence ho-
norerait et illustrerait son église. Le comte de
Lastour, ravi de cette offre, lui en témoigna sa
reconnaissance, en lui exprimant le plaisir qu'il
aurait de posséder un si précieux trésor. Le
moine se hâta de retourner à Sarlat, enleva se-

crètement les reliques de saint Pardoux du lieu
où elles étaient, et, voyageant la nuit, de crainte
que le jour ne dévoilât son larcin, il arriva sur
les bords de la Vézère, au lieu où Gui de Lastour
lui avait donné rendez-vous. Le noble seigneur
s'y trouva, en effet, au jour et à l'heure conve-
nus, suivi d'une escorte nombreuse de guerriers.
Il reçut le précieux trésor, fit de riches présents au moine, et porta le corps de saint Pardoux dans l'église d'Arnac, pour que le Saint en
fût à perpétuité le seigneur et patron.

C'est ainsi que les moines de Sarlat furent dé-
livrés de la présence, qu'ils trouvaient impor-
tune, du corps de saint Pardoux.

Ce trait nous donne un remarquable spécimen
de la foi simple et naïve du moyen-âge. Il nous
montre en quel honneur étaient les saints, et le
cas que l'on faisait de leurs reliques. Cette foi
savait reconnaître en ces reliques l'Esprit de Dieu

qui les faisait prophétiser. Elle rendait un éclatant témoignage de l'immortalité des âmes qui
avaient animé ces corps, de la résurrection de
ces mêmes corps, et de la vie éternellement glorieuse réservée à l'âme et au corps (1).

---

(1) C'est, sans doute, par suite du séjour du corps de saint
Pardoux à Sarlat, que plusieurs églises du Périgord portent
le nom de ce Saint et le reconnaissent pour patron.

XIV.

Comment l'église de Sarlat conserva intact le corps
de saint Sacerdos jusqu'à l'année 1574; et com-
ment les parcelles que nous en avons aujourd'hui
sont authentiques.

L'enlèvement du corps de saint Pardoux de
l'église de Saint-Jean de Sarlat, pour être transporté dans l'église d'Arnac, eut lieu dans les
premières années du XIe siècle; car c'est à cette
époque que vivait Gui de Lastour, sous l'épiscopat de Jordain, évêque de Limoges. Revenons à notre saint Sacerdos, dont le corps fut
conservé intact dans l'église de son monastère

jusqu'en 1574. Mais, à cette époque de désastreuse mémoire, le deuil se fit sur ces saintes
reliques ; elles furent profanées, comme toutes
celles que possédait l'église de Sarlat. Le 22 février de cette année 1574, les protestants s'em-
parèrent de la ville, conduits par le capitaine
Vivans. « Ils pillèrent les églises, dit le chanoine
» Tarde ; les reliques dont Charlemagne avait
» honoré l'église cathédrale de cette ville, et qui
» y avaient été religieusement conservées depuis
» cet empereur, furent brûlées et jetées au vent,
» ainsi que le corps du grand et vénérable saint
» Sacerdos, qui fut dans tout le mépris imagi-
» nable, et qui servit le plus à satisfaire la rage
» de ces misérables ; les châsses, reliquaires,
» croix, calices, encensoirs d'or et d'argent,
» furent enlevés, les prêtres furent battus, tués
» ou fugitifs, et le service divin entièrement in-
» terrompu. » (1)

(1) Manuscrit de Tarde, page 273.

Cependant Dieu ne permit pas que le corps de saint Sacerdos devînt tout entier la proie des flammes. Les fidèles purent en conserver quelques parties, que nous trouvons dans l'église de Sarlat encore en 1695. En cette année nous les voyons portées solennellement en procession pour célébrer le concordat d'union conclu entre le Chapitre de Saint-Avit-Sénieur et le Chapitre de Sarlat (1), et, en 1719, dans une autre procession à la suite d'une famine qui fit périr beaucoup de monde à Sarlat et aux environs. Le chanoine Tarde remarque qu'à cette dernière procession « on porta pour la première fois la » relique de saint Sacerdos sur une espèce de » brancart; deux éclésiastiques en dalmatique la » portaient sur leurs épaules. Au paravant on » la portait sous le dais, qui était porté par les » quatre consuls en robes consulaires, et l'offi- » ciant estoit sous le dais qui la soustenait (2). »

(1) Manuscrit de Tarde, page 337.
(2) Ibid., page 387.

La relique était renfermée dans un petit reliquaire fait en forme de buste, qui était exposé habituellement sur les gradins du maître autel de la cathédrale. L'espièglerie d'un jeune enfant des meilleures maisons de la ville, le jeune Philopal, prouva un jour qu'elle n'était pas en lieu de sûreté. En effet, dans un moment où il n'y avait personne dans l'église, le jeune enfant enleva la relique, l'emporta et la cacha dans la maison paternelle. On s'aperçut bientôt du larcin, et l'alarme fut aussitôt donnée dans toute la ville, comme au jour d'une grande calamité. On fit d'actives et minutieuses recherches, et le précieux trésor fut retrouvé. Le Chapitre se transporta en procession à la maison Philopal, et la relique fut replacée dans la cathédrale. Mais on comprit la nécessité de mettre ce trésor en un lieu sûr d'où l'on ne pût désormais l'enlever. Une riche châsse d'ébène, recouverte de lames d'argent et fermant à clef, remplaça le petit reliquaire, et fut placée dans une. armoire pra-

tiquée dans le mur de la chapelle où on la voit
aujourd'hui.

Mais, à l'époque désastreuse de notre révolution de 1793, que devinrent les reliques de
saint Sacerdos? Nous l'apprenons par le *procès-
verbal* d'une enquête qui fut faite en 1819 par
M. de Larouverade, curé de Sarlat, et par ordre
de Monseigneur Lacombe, évêque d'Angoulême.
Ce *procès-verbal* nous permet de constater l'authenticité de la relique honorée aujourd'hui
dans l'église de Sarlat, et qui est bien la même
qu'on y honorait avant 1793. A cette époque,
M. Gamot, curé de Sarlat, sut la soustraire à la
profanation. Laissons-le raconter lui-même cet
événement, dans une lettre du 11 juin 1816,
adressée à son successeur, M. de Larouverade :
« Sur mon refus constant de cesser l'exercice
» de mes fonctions dans l'église de Sarlat, le
» comité révolutionnaire me menaçait de m'en-
» voyer en réclusion. Pour me soustraire aux

» poursuites de ce tribunal et pour mettre ma
» délicatesse à couvert, la municipalité de Sar-
» lat arrêta que les portes de l'église seraient
» provisoirement fermées et que les clefs en se-
» raient remises à la mairie. M. G** s'empressa
» de me donner connaissance de cet arrêté.
» Alors je pris mes moyens pour mettre le Saint-
» Sacrement en un lieu décent et pour enlever
» les reliques qui étaient en ma disposition. Je
» me rappelle, Monsieur, que je fus surpris
» dans cette dernière opération, et que dans cette
» agitation le temps ne me permit pas de tout
» enlever. Quoiqu'il fût plus de dix heures du
» soir, la sacristie se remplit de tous ces misé-
» rables. Je n'eus rien de plus pressé que de
» m'évader pour éviter d'être le témoin des in-
» décences qui se commirent. Retiré chez moi,
» je fis deux paquets de ces reliques, et comme
» ma maison n'était pas un lieu de sûreté, j'en
» fis la remise à Mme Faujanet, en qui j'avais re-
» marqué de la piété et beaucoup de discrétion.»

Mme Faujanet fut sans doute discrète, elle ne parla point du trésor qui lui avait été confié, mais elle s'y attacha un peu trop, et lorsque, après la tourmente révolutionnaire, il lui fut réclamé par celui-là même qui le lui avait confié, elle déclara n'avoir rien reçu. « Elle me sou-» tint, ajoute M. Gamot, n'en avoir jamais en-» tendu parler. » Ce ne fut qu'après sa mort, que la famille en fit la remise à M. de Larouverade, curé de Sarlat.

Mais il était nécessaire de constater que ces reliques remises par la famille Faujanet étaient bien les mêmes que celles qui se trouvaient avant 1793 dans la châsse de saint Sacerdos, et étaient attribuées à ce Saint et honorées comme telles. C'est ce que fit M. le curé de Sarlat, après en avoir reçu la commission officielle de Monseigneur l'évêque d'Angoulême, qui avait sous sa juridiction le diocèse de Périgueux et de Sarlat. La constatation, dont on peut voir le pro .

cès-verbal à la fin de ce volume, eut lieu à Sarlat le 10 septembre 1819. Soumise à l'apprécia-
tion de l'autorité épiscopale, elle parut concluante
et ne laisser aucun doute sur l'authenticité de la
relique. Aussi, par son ordonnance du 27 février 1820, Monseigneur l'évêque d'Angoulême
prescrivit-il que la relique serait transportée
solennellement dans l'église cathédrale de Sarlat, pour y être de nouveau exposée à la vénération des fidèles. Cette translation n'eut lieu
que le six du mois de mai de l'année suivante
1821. Elle se fit avec la plus grande solennité.
Tout le clergé de la paroisse, suivi des autorités
de la ville et de la foule des fidèles, se rendit
processionnellement à l'église de l'hôpital, où les
reliques étaient restées en dépôt depuis le jour
de l'enquête. Placées sur un brancard richement
orné, elles furent portées par des prêtres à
l'église cathédrale, au chant des hymnes et des
cantiques, et, après être restées pendant huit
jours exposées à la vénération des fidèles, elles

furent placées dans la niche qui leur avait été préparée.

Le jour de cette translation fut un beau triom_ phe pour saint Sacerdos. Du haut du ciel il comtemplait cette ville de Sarlat, qui lui était autrefois si dévouée, retrouvant dans son cœur la foi et la piété de ses pères, et suivant de ses respects, de ses vénérations, de son amour, les précieux restes de son protecteur. C'était comme une réparation solennelle, comme une amende honorable qu'elle faisait à ce saint patron, en le replaçant dans le lieu d'où il n'aurait pas dû être exilé, en lui rendant son église, sa chapelle, son autel.

Une parcelle de cette relique est honorée dans la cathédrale de Périgueux. Elle y fut déposée en 1826 par Monseigneur de Lostanges, après s'être assuré lui-même de son authenticité par l'examen qu'il fit du procès-verbal d'enquête, approuvé par Monseigneur l'évêque d'Angoulême. C'est tout ce qui nous reste du corps de saint Sacerdos ; mais ce peu suffit à la foi et à la piété des fidèles. Et le Saint est toujours aimé et prié ; et du haut du ciel il vient au secours de ceux qui l'aiment et le prient.

Qu'il en soit ainsi toujours ! ! !

FIN.

CATALOGUES

DES

ABBÉS DU MONASTÈRE DE SARLAT

ET DES ÉVÊQUES

QUI ONT OCCUPÉ LE SIÉGE DE CETTE VILLE.

————◆◇◆————

Il convient de donner à la suite de la vie de
saint Sacerdos les catalogues des abbés et des
évêques qui ont gouverné l'église dont il
a toujours été reconnu pour patron et spécial protecteur. Ces catalogues ne seront qu'une
simple liste, par ordre chronologique, de noms
glorieux qu'il est bon de ne pas laisser dans
l'oubli. Plus tard, ainsi que nous l'avons dit a
la fin de l'introduction, en développant les *Actes*
de ces abbés et de ces évêques, nous donnerons

l'*Histoire religieuse* de la ville de Sarlat et du pays Sarladais.

I.

CATALOGUE DES ABBÉS.

L'origine du monastère de Sarlat remonte aux dernières années du Ve siècle ; mais ce n'est qu'à partir du Xe que nous avons les noms des abbés qui l'ont gouverné.

I. — SAINT ODON. C'est le même qui fut, au Xe siècle, le réformateur de l'ordre de Saint-Benoît.

Bernard, comte du Périgord, lui donna, en 940, l'abbaye de Sarlat pour qu'il y établît la réforme.

II. — ADACIUS. Il fut coabbé de saint Odon et gouverna sous son autorité. Son institution date de 940. Il était auparavant abbé du monastère de Tulle. Il gouverna aussi l'abbaye de Saint-Sour de Terrasson, qu'il reçut du même Bernard, comte de Périgord (1).

III. — Assénarius, vers l'an 955. Il put succéder à Adacius.

IV. — Bassenius, vers l'an 960.

V. — Hubert, simoniaque, vers l'an 970; le même dont nous avons parlé à la page 82 de ce volume.

VI. — Bernard i, en 975.

VII. — Gérald i, en 994.

VIII. — Aymeric, en 1031.

IX. — Étienne, en 1060 et 1070.

X. — Gérald ii.

XI. — Arnauld i, en 1122; le même qui donna

(1) Voir la *Vié de saint Sour*, p. 391.

à Hugues de Sainte-Marie les *Actes* de saint Sacerdos, écrits en langue romane.

XII. — GILBERT, vers l'an 1134. Ce fut sous cet abbé que saint Bernard visita Sarlat et y fit la célèbre bénédiction des pains pour la guérison des malades, et dont le souvenir s'est si pieusement transmis d'une génération à l'autre.

XIII. — RAYMOND DE FÉNÉLON. Il fut intronisé le 3 mai 1153 par bulle du pape Eugène III, qui mit sous la protection spéciale du Saint-Siége l'abbaye de Sarlat. Raymond était encore abbé en 1159.

XIV. — GARIN DE COMMARQUE, en 1169, de l'une des plus anciennes familles du Sarladais. Sous cet abbé, le pape Alexandre III confirma les priviléges du monastère de Sarlat, qui furent également reconnus en 1181 par le roi de France, Philippe II.

XV. — RADULPHE DE CROMIAC, en 1195. Sous

cet abbé, Richard, roi d'Angleterre, duc de Normandie et d'Aquitaine, prit sous sa sauvegarde l'abbaye de Sarlat.

XVI. — R. DE SIORAC. Il était présent au traité qui eut lieu entre l'abbé de Pontigni et l'abbé de Cadouin, en 1201.

XVII. — ARNAULT II, en 1202.

XVIII. — BERTRAND DE LIMÉJEOULS, en 1208.

XIX. — GUI DE CORNIL, en 1212, d'après une charte de Jean de Veirac, évêque de Limoges.

XX. — HÉLIE D'UMION et non de Vinion, comme quelques-uns ont écrit, en 1214. Sous cet abbé eut lieu l'expédition triomphante de Simon de Montfort contre les Albigeois, qui infestaient de leur hérésie notre province.

XXI. — ÉTIENNE DE RIGNAC, en 1229.

XXII. — HÉLIE II DE PIERRE, en 1231.

XXIII. — BERNARD II DU COUDERC, en 1236.

XXIV. — Gérald iii de Vaux, en 1338.

XXV. — Hélie de Magnanac, en 1249. Il était précédemment chargé du temporel du monastère. Il se démit de sa charge d'abbé et devint doyen d'Issigeac.

XXVI. — Bernard iii, en 1250. Il fut déposé par l'évêque de Périgueux et par ordre du légat du Saint-Siége.

XXVII. — Gérald iv d'Aubusson, en 1254.

XXVIII. — Arnauld iii de Stapon, en 1260.

XXIX. — Robert de St-Michel, en 1274.

XXX. — Arnauld iv de Villemur. On n'a pas la date de son élection, mais il est cité, dans une charte de 1292, comme *ex-abbé*.

XXXI. — Bernard iv de Vaux, de 1283 à 1312.

XXXII. — Armand de Saimt-Léonard, fut abbé de 1312 à 1317, époque à laquelle Jean XXII,

par sa bulle donnée à Avignon le 13 janvier,
érigea en évêché l'abbaye de Sarlat. Armand
de Saint-Léonard dut alors passer à l'abbaye de
Gaillac, au diocèse d'Albi, en remplacement de
Raymond de Roquecorne, qui fut nommé évêque
de Sarlat.

II.

CATALOGUE DES ÉVÊQUES.

I. — RAYMOND DE ROQUECORNE, de la noble
famille de ce nom dans l'Agenais, d'abord moine
de la Chaise-Dieu, puis abbé de Gaillac, au diocèse d'Albi. Il fut nommé évêque de Sarlat par
Jean XXII, et il eut l'honneur d'organiser le
nouveau diocèse qu'il gouverna jusqu'en 1324.
A cette époque, il fut transféré à l'évêché de
Saint-Pont.

II. — BERTRAND BÉRENGER, abbé du monastère
de Thiviers, fut nommé évêque de Sarlat, en
1325, par Jean XXII; mais, à cause de la modi-

cité des revenus de son église, il resta presque toujours à la cour pontificale et confia l'administration de son diocèse à Bernard Bérenger, son parent et son vicaire-général, et mourut à Nîmes, en 1329.

III. — ARNAULD DE ROYARD, religieux de Saint-François et né en Périgord. Il fut nommé archevêque de Salerne en 1321 ; mais, neuf ans après, ayant demandé au pape la permission de quitter son siége pour aller finir ses jours dans son pays, Jean XXII lui donna pour retraite l'évêché de Sarlat, auquel il le nomma par bulle du 27 juin 1330. Naturellement porté à la solitude, Arnauld habita presque toujours le château de Boucheyral, dans la paroisse d'Allas. Il mourut en 1331, selon quelques-uns, et en 1333, selon d'autres.

IV. — GUILLAUME DE CENDRIEUX. D'abord moine de l'ordre de Saint-Benoît, ensuite prieur de Calviac, il fut élu évêque de Sarlat par les religieux et confirmé par Jean XXII, en 1334. Il mourut quatre ans après à Boisse, d'où on transporta son corps à l'église de Sarlat.

V. — PIERRE BÉRENGER. Elu en 1338, il mourut vers la fin de l'année 1340. Nous devons remarquer, pour constater ici l'ancienneté d'un usage de l'Eglise de France, toujours respecté par le Saint-Siége, qu'à la mort de Pierre Bérenger le chapitre de Sarlat nomma TROIS vicaires capitulaires, savoir : Augier de Ferrières, Raymond de Cendrieux et Gérard de Guerche.

VI. — ITIERS DE CENDRIEUX, de la même famille que Guillaume, fut élu évêque de Sarlat en 1341 et mourut le 5 avril 1346.

VII. — PIERRE DE MAYROLES, religieux franciscain. Il remplit avec honneur les premières dignités de son ordre, et devint canoniste et théologien distingué. Nicolas Bertrandi, dans son livre *De Gestis Tholosanis,* le cite parmi les Frères-Mineurs de Toulouse qui ont le plus brillé.

Il était régent dans la Faculté de cette ville lorsqu'il fut élu évêque de Sarlat, en 1350. Il mourut en 1358.

VIII. — HÉLIE DE SALIGNAC, de la noble famille de ce nom qui a de belles pages dans l'histoire du Sarladais, succéda sur le siége de Sarlat à Pierre de Mayroles, en 1358. Le siége métropolitain de Bordeaux étant devenu vacant en 1361, il y fut nommé par le chapitre de cette ville et confirmé par une bulle d'Innocent VI, en date du 24 septembre de la même année.

IX. — AUSTENCE DE SAINTE-COLOMBE succéda au précédent. Il était religieux profès de l'ordre des Frères-Mineurs, homme très-savant qui expliquait à Paris le livre des Sentences, et qui par ses propres mérites devint professeur de la Faculté de Clément VI. Il est qualifié dans la *Vie d'Urbain V* de *très-grand et très-célèbre* théolohien. Il occupa le siége de Sarlat jusqu'à sa mort, arrivée en 1368.

X. — Bertrand II. Il ne figure pas dans la liste des évêques de Sarlat ; nous ne le trouvons cité que dans un cartulaire de l'abbaye de Fongaufier, au 3 mai 1369. Il n'en est pas fait mention dans le chanoine Tarde ni dans le P. Dupuy.

XI. — Jean de Réveillon, d'après le *Gallia-Christiana,* et de Roussillon, d'après le P. Dupuy, issu d'une illustre famille du Poitou. Il était doyen de l'Eglise de Poitiers lorsqu'il fut élu évêque de Sarlat, en 1370. Il eut à remplir plusieurs missions importantes que lui confia le Saint-Siége, et mourut le 1er avril 1396.

XII. — Gaillard ou Gérald de Palayrac. Il fut nommé évêque de Sarlat peu de temps après la mort de Jean de Réveillon. On n'a pas la date de sa mort.

XIII. — Raymond de Bretenoux succéda au précédent, et gouverna l'Eglise de Sarlat jusqu'en 1407.

XIV. — Jean Lami. Il fut d'abord évêque de
Bethléem, puis transféré à l'évêché de Sarlat, en
1407. Il mourut le 15 octobre 1410.

Quoiqu'on lise dans le nécrologe de l'abbaye
de Bourganeuf : « Très-révérend père Lami, de
» pieuse mémoire, moine en ce couvent et supé-
» rieur de cette province, évêque de Bethléem
» et plus tard de Sarlat, est mort en 1410, »
il ne faut pas en conclure qu'il fut enseveli dans
ce monastère. Un moine qui quittait son monastère pour raisons légitimes, était considéré
comme lui appartenant toujours ; et, dès la première nouvelle de sa mort, on inscrivait son nom
dans le nécrologe, afin qu'il eût part aux prières
que l'on faisait pendant trente jours pour tout
moine défunt. Jean Lami n'ayant quitté l'abbaye
de Bourganeuf que pour être évêque, son nom
devait se trouver dans le nécrologe de cette
abbaye.

XV. — Jean Arnald ou Arnauld, moine fran-

ciscain et docteur en théologie. Il fut promu au
siége de Sarlat par Jean XXIII, le 29 décembre
1410. Il mourut à Paris le 6 mai 1416, et fut
enseveli dans le chapitre des Frères-Mineurs,
avec cette épitaphe : « Ci-gît très-révérend père
» et seigneur en Jésus-Christ, Jean Arnauld, de la
» province de Tours et du couvent de Niort,
» évêque de Sarlat, docteur en théologie, histo-
» rien célèbre et confesseur de très-illustre prince
» Jean, duc de Bourges. Il mourut le 6 mai
» 1416. Que son âme repose en paix ! »

XVI. — BERTRAND DE LA CROPTE, de la noble
famille de Lanquais. Il était archidiacre de Périgueux lorsqu'il fut élu évêque de Sarlat, au
mois de septembre 1416. Confirmé le 22 de ce
même mois, par David de Montferrand, archevêque de Bordeaux. il entra en possession de son
église le 15 octobre. Il habita presque continuel-
lement la Roche-Gageac ou le prieuré de Saint-
Cyprien. Il mourut le 26 octobre 1446.

XVII. — Pierre de Bonald. Il était chanoine d'Agen, canoniste et prédicateur distingué, lorsqu'il fut élu évêque de Sarlat le 2 novembre 1446, quelques jours seulement après la mort de Bertrand de La Cropte, et confirmé par une bulle d'Eugène IV, en date du 29 janvier 1447. Professeur à la faculté canonique de Toulouse, il résida presque tout le temps de son épiscopat en cette ville. Après avoir gouverné l'église de Sarlat pendant quinze ans, il fut transféré à l'évêché de Rieux, où il mourut, en 1469.

XVIII. — Bertrand de Roffignac, neveu du précédent. Il fut élu évêque de Sarlat après la translation de son oncle à l'évêché de Rieux. Il mourut le 4 décembre 1485 à Domme, d'où son corps fut transporté à Sarlat et inhumé dans la chapelle des Saints-Apôtres.

XIX. — Pons de Salignac, frère d'Antoine, baron de Salignac, et de Jean, seigneur de La Mothe-Fénelon, fils de Raymond, baron de Sali-

gnac, et d'une descendante de la famille des
Escars. Il fut d'abord sénateur à Bordeaux, puis
abbé de Clairac, dans l'Agenais, plus tard doyen
de Saint-Yrieix, en Limousin. Elu évêque de
Sarlat après la mort de Bertrand de Roffignac,
il fut pourvu par Innocent VIII, le 26 février
1486. Il remplit avec succès diverses missions
importantes que les papes lui confièrent, et mourut au château de Temniac, le 14 octobre 1492.
Il est à remarquer encore qu'à sa mort le chapitre nomma *quatre* vicaires-capitulaires : Jean
de Magnanac, sous-prieur du couvent, Bernard
La Blénie, chantre, Jean de Sédières et Guillaume de Plamont, moines.

XX. — Armand de Gontaut de Biron, de noble
origine, fils de Gaston, baron de Biron, et de
Catherine de Salignac. Après la mort de Pons de
Salignac, le roi nomma pour lui succéder Armand de Gontaut. Reconnu et confirmé par la
cour romaine, il prit possession dès le 23 février

1493 ; mais, comme le siége de Sarlat lui était disputé par plusieurs compétiteurs, il en fut sacré qu'en 1494, à Limoges. Il se démit, en 1519, en faveur de Charles de Bonneval, et reçut le titre d'archevêque de Nazareth. Il mourut le 19 novembre 1531, à l'âge de soixante-dix-neuf ans, et fut enterré dans la chapelle du château de Biron, où l'on voit encore son tombeau.

XXI. — CHARLES DE BONNEVAL. Après la démission d'Armand de Gontaut, il fut proclamé dans un consistoire par le pape Léon X, le 9 septembre 1519, et prit possession le 6 novembre de la même année. Il mourut en novembre 1527.

XXII. — GUI D'AYDIE. Il fut élu par le chapitre contre la volonté du roi, et pourvu à Rome le 6 février. Il mourut le 1er avril de l'année suivante.

XXIII. — JEAN DE RILLAC. Il fut nommé par le roi et pourvu à Rome peu de temps après la

mort de Gui d'Aydie. Il ne siégea que quelques
mois, étant mort vers la fin de cette même
année 1529.

XXIV. — JACQUES DE LARMANDIE, d'une illustre
famille du Périgord. Abbé de la Grande-Sauve,
il devint prévôt de l'église de Sarlat, et fut
appelé sur le siége épiscopal par le chapitre,
aussitôt après la mort de Jean de Rillac. Il mourut au mois d'octobre 1533.

XXV. — NICOLAS GADDI, Florentin de nation
et parent de Catherine de Médicis. Il avait été
déjà évêque de Fermo et élevé à la dignité de
cardinal lorsqu'il fut nommé à l'évêché de Sarlat,
dont il prit possession le 8 février 1534, par
Paul de Portes, protonotaire du Saint-Siége.
Ce fut le 23 avril 1541 qu'il fit son entrée solennelle dans la ville épiscopale. Il ne tarda pas
à se démettre en faveur de François de Séneterre, et mourut à Florence le 16 janvier 1552.

XXVI. — FRANÇOIS DE SÉNETERRE OU DE SAINT-

NECTAIRE, d'une illustre famille d'Auvergne. Il fut d'abord religieux de l'ordre de Saint-Benoît, à la Chaise-Dieu, puis évêque de Sarlat par la résignation de Nicolas Gaddi. Il fit son entrée dans sa ville épiscopale le 15 du mois d'août 1546. Il apporta de grandes réformes dans son église, et il mourut dans sa patrie au mois de septembre 1567. Il s'était quelque temps auparavant démis en faveur de François de Salignac, qui lui succéda.

XXVII. — FRANÇOIS DE SALIGNAC DE LA MOTHE-FÉNELON. Avant d'être élevé sur le siége épiscopal de Sarlat, il avait été successivement chanoine de l'église cathédrale de Bordeaux et vicaire-général du cardinal de Bellay et de François de Mauni, archevêque de cette même ville. Il fut pourvu le 28 août 1567 par le souverain-pontife Pie V. Sous son épiscopat les calvinistes ravagèrent son diocèse. Il se démit, en 1578, en faveur de son neveu, Louis de Sali-

gnac, et mourut deux ans après, au château de
Fénelon.

XXVIII. — Louis de Salignac. Il fut fait
évêque de Sarlat en vertu de la résignation de
son oncle, François de Salignac, approuvée par
le pape Grégoire XIII, en mars 1578. Il mourut
le 6 février 1598, dans son château de Temniac,
à l'âge de quarante ans.

XXIX. — Louis II de Salignac, neveu du précédent. Henri IV le nomma en 1599 ; mais, trouvé
trop jeune par le pape, il ne fut pourvu que
dans le consistoire du mois de novembre 1602,
et sacré à Rome le 23 janvier suivant. Il prit
possession de son siége le 6 avril 1604. Il mourut à Sarlat le 22 mai 1639 et fut enseveli dans la
chapelle de Saint-Benoît, auprès du cloître.

XXX. — Jean de Lingendes. Il était conseiller
et prédicateur de Louis XIII. Son éloquence
attira sur lui l'attention du roi qui le nomma au
siége de Sarlat. Il fut sacré le 14 décembre 1642,

à Paris, par Léonor d'Estampes, archevêque et duc de Reims. Il remit en honneur, dans l'abbaye de Cadouin et dans tout le diocèse, le saint suaire de Notre-Seigneur Jésus-Christ, et consigna dans un acte public l'authenticité de cette précieuse relique. Il donna sa démission en 1650, et fut transféré au siége de Mâcon.

XXXI. — NICOLAS SEVIN, issu d'une famille parlementaire, natif de Paris. Il était abbé de Saint-Vulmar, au diocèse de Boulogne, et fut élevé sur le siége de Sarlat après la démission de Jean de Lingendes. Il se démit bientôt lui-même en faveur de François de Salignac de La Mothe-Fénelon, devint coadjuteur du bienheureux Alain de Solminihac, èvêque de Cahors, auquel il succéda en 1658.

XXXII. — FRANÇOIS II DE SALIGNAC DE LA MOTHE-FÉNELON, oncle paternel de l'illustre archevêque de Cambrai. Il était doyen de Carenac lorsqu'il fut nommé évêque de Sarlat. Il fut sacré à Paris le 25 mai 1659. Il gouverna le diocèse pendant plus de trente ans et fit raser tous les temples des rèformès. Il mourut, laissant des marques sensibles de sainteté, le premier jour de mai 1688, à l'âge de quatre-vingt-trois ans, et fut enseveli le lendemain dans sa cathédrale.

XXXIII. — Pierre-François de Beauveau Le Riveau. Il était docteur en Sorbonne et abbé de Notre-Dame-de-Turpeney lorsqu'il fut élevé sur le siége de Sarlat, le 31 août 1688. Etant venu dans sa ville èpiscopale le 10 juillet 1689, il fut créé vicaire-général par le chapitre, et c'est sous ce titre et sous celui d'*évêque élu* qu'il adminis-tra l'église de Sarlat pendant plusieurs années. La division entre la cour de Rome et la cour de Paris ayant cessé, il obtint ses bulles et fut sacré à Paris, en janvier 1693. Il mourut le 23 octobre 1701, emportant les regrets de tous les habitants de Sarlat et de tous les fidèles du diocèse.

XXXIV. — Paul de Chaulnes. Il fut abbé de

Saint-Michel-de-Pessan, de l'ordre de Saint-Benoît, dans le diocèse d'Auch, et il était depuis quinze ans vicaire-gènéral de la métropole d'Auch lorsqu'il fut nommé évêque de Sarlat, en 1701. Il fut sacré à Paris le 26 mars de l'année suivante, par Anne Tristan de La Beaume de Suze, archevêque d'Auch. Il se distingua par son zèle à ramener les hérétiques et restaura les temples que les réformés avaient détruits ou dégradés. Le 8 janvier 1721 il fut transféré à l'évêché de Grenoble, où il mourut le 22 octobre 1725.

XXXV. — Joseph-Alphonse de Valbelle. Il n'avait que trente-six ans quand il fut nommé évêque de Sarlat, le 8 janvier 1721. Il était alors aumônier du roi. Issu de l'illustre famille des comtes de Provence, ses manières et ses sentiments se ressentaient de son origine. C'était un homme de talent, et à une instruction solide il joignait une vertu exemplaire. Il ne resta que quelques mois sur le siége de Sarlat. Installé le 29 juin 1721, il fut appelé avant la fin de cette année pour être coadjuteur de son oncle, évêque de Saint-Omer, auquel il succéda peu de temps après.

XXXVI. — DENIS-ALEXANDRE LE BLANC. Né à Vitry-le-Français d'une famille honorable mais peu fortunée, il était curé de Dammartin, près de Meaux, chanoine de Saint-Victor de Paris et prieur de Saint-Cyprien, lorsqu'il fut nommé à l'évêché de Sarlat, le 25 septembre 1721. Il dut cette élévation à la haute position de son frère, alors ministre de la guerre. Il fit son entrée dans sa ville épiscopale le 30 novembre de l'année de sa nomination. Il fut remarquable par sa grande charité, son zèle pour maintenir la discipline ecclésiastique et une grande simplicité dans sa manière de vivre. Il mourut, laissant de vifs regrets, le 3 mai 1747, âgé de soixante-treize ans.

XXXVII. — Henri-Jacques de Montesquiou. Issu d'une illustre famille dont l'origine remonte aux comtes d'Armagnac, il naquit au château de Balignac, près de Lectoure, dans le diocèse d'Auch, le 17 janvier 1714. Il fut nommé évêque de Sarlat le 3 mai 1747, âgé seulement de trente-trois ans, et fut sacré à Paris le 10 septembre de la même année. Il avait déjà été vicaire-général à Limoges. Tout le temps de son épiscopat fut consacré à de bonnes œuvres. Il mourut le 19 janvier 1777 et fut enterré à l'extrémité du sanctuaire de son église cathédrale, dans la chapelle du Saint-Sacrement, à côté de son prédécesseur, Alexandre Le Blanc.

XXXVIII. — Joseph-Marie-Luc Falcombel de Ponte d'Albaret. Il naquit à Perpignan le 8 octobre 1736. Il était issu d'une noble famille du Piémont, qui, sous le règne de Louis XIV, était venue s'établir en France. Il était vicaire-général à Châlons-sur-Marne lorsqu'il fut élevé sur le

siége épiscopal de Sarlat, le 15 avril 1777. Il
fut sacré le 4 janvier 1778. L'orage révolutionnaire le força de quitter sa ville épiscopale; il y
revint cependant par deux fois dans le plus fort
de la tempête et s'y tint caché. Enfin, en 1795,
il s'éloigna pour la dernière fois de son troupeau
pour lequel il eût voulu donner sa vie, et se
retira à Pignerol, dans le Piémont, puis à Turin,
où il mourut le 20 mai 1800, à l'âge de soixante-
quatre ans.

Joseph de Ponte d'Albaret clôt la liste des
évêques qui ont occupé le siége de Sarlat. Ce
siége, supprimé en 1790 par la constitution
civile du clergé, ne fut point rétabli par le concordat de 1801. Et l'église, abbatiale d'abord,
puis cathédrale, ne fut plus que l'église d'une
cure de première classe, gouvernée par un curé
ayant le titre d'archiprêtre. Nous conserverons
ici les noms de ces curés qui continuent en
quelque sorte et le catalogue des abbés et celui
des évêques.

1. — *J.-B. Gamot,* nommé en 1791, le premier après la suppression de l'évêché ; le même qui sauva les reliques de saint Sacerdos. Il mourut curé de Belvès.

2. — *Marc-Antoine de Betou,* nommé en 1802, et mort à Sarlat le 8 novembre 1806. Nous connaissons ses vertus et sa sainteté par son épitaphe, œuvre de M. l'abbé Surguier, directeur du séminaire de Sarlat, prêtre éminent en science et en vertu, que nous avons eu le bonheur d'avoir pour maître.

3. — †† *Simian,* vicaire-régent, du 8 novembre 1806 au 12 mars 1809.

4. — †† *De Larouverade,* nommé et installé le 12 mars 1809 et démissionnaire en 1822.

5. — *Henri Labat-Lavaure,* nommé en 1822. Il se démit en 1850 et fut nommé chanoine de la cathédrale de Périgueux.

6. — *Antoine Miral,* curé actuel, installé le

1ᵉʳ juillet 1850; prêtre selon le cœur de Dieu, notre condisciple et notre ami, qui a su recueillir et augmenter l'héritage de douce piété et de zèle pastoral que lui ont légué ses prédécesseurs.

En 185 ?, l'église de Sarlat recouvra son titre d'Eglise Cathédrale. Sa Sainteté Pie IX reconnut l'existence canonique du diocèse de Sarlat, sous la juridiction et l'autorité des évêques de Périgueux, et autorisa Mgr George et ses successeurs à ajouter au titre d'évêque de Périgueux celui d'Evêque de Sarlat. Le catalogue des évêques de Sarlat, interrompu en 17?0, doit donc se continuer ainsi :

XXXIX. — Mgr Jean-Baptiste-Amédée-George Massonnais, de sainte et glorieuse mémoire, né à Saint-Denis-de-Gattines, au diocèse de Laval, le 17 avril 1805, sacré évêque de Périgueux le 21 février 184?, installé évêque de Sarlat le 20 du mois d'août 1854. Après vingt ans de labeurs

apostoliques, il mourut à Périgueux, à l'âge de
cinpuante-cinq ans, le 20 décembre 1860.

XL. — Mgr CHARLES-THÉODORE BAUDRY, de
douce et pieuse mémoire, né à Montigné, au diocèse d'Angers, le 1er novembre 1817. Il appar-
tenait à la société de Saint-Sulpice, qui n'eût
pas de plus éminent professeur. Il fut sacré
évêque de Périgueux le 5 mai 18.. et installé
évêque de Sarlat le 29 du même mois et de la
même année. Il mourut à Périgueux, aimé et
regretté de tous, le 28 mars 1863.

XLI. — Mgr NICOLAS-JOSEPH DABERT, actuelle-
ment évêque de Périgueux, digne successeur de
Mgr George et de Mgr Laudry, né à Henriche-
mont, au diocèse de Bourges, le 17 septembre
1811, sacré évêque de Périgueux le 22 novembre 1863 et installé évêque de Sarlat le 12 décembre de la même année.

FIN DU CATALOGUE DES ÉVÊQUES.

NOTES RELATIVES

AUX

RELIQUES DE SAINT SACERDOS.

———◦◇◦———

PROCÉS-VERBAL de l'enquête faite par ordre de Monseigneur l'Évêque d'Angoulême, pour la recherche, le recouvrement et la reconnaissance des reliques de saint Sacerdos.

———

Dominique LACOMBE, par la miséricorde divine, et l'autorité apostolique, évêque d'Angoulême, à M. Larouverade, curé archiprêtre de la ville de Sarlat.

Par ces présentes, nous avons commis et commettons M. Larouverade, curé de Sarlat, à l'effet de prendre tous les renseignements, faire toutes les démarches relatives au recouvrement et à la reconnaissance des saintes reliques de son église et des autres ci-devant églises de sa paroisse, déplacées et dispersées dans le cours de la Révolution; à recevoir les

11

dépositions et recueillir les témoignages propres à rétablir leur authenticité, et à nous mettre à même, après un mûr examen de notre part, de les exposer de nouveau avec les cérémonies convenables, si le cas y échoit, à la vénération publique des fidèles. A cet effet nous invitons, nous prions toutes les personnes qui pourraient avoir à leur disposition lesdites reliques, d'en faire la remise à M. le curé de Sarlat, en lui donnant tous les renseignements qu'elles peuvent avoir sur elles; et le tout aux fins ci-dessus mentionnées.

Donné à Sarlat, le 1er août 1819.

GEOUFFRE DE LA PRADELLE,
Provicaire-général.

(Place du sceau épiscopal.)

IBANÈS, *Pro-secrétaire.*

———

En conséquence de l'honorable commission de l'autre part que nous avons reçue avec respect de Monseigneur Dominique Lacombe, évêque d'Angoulême, le 1er août 1819, signée Geouffre de la Pradelle, provicaire-général pour le département de la Dordogne, nous nous sommes empressé de nous conformer aux ordres et d'entrer dans les vues pieuses de Sa Grandeur, et nous étant occupé en premier lieu de la recherche des reliques de saint Sacerdos, évêque de Limoges et patron de l'ancien diocèse de Sarlat, il nous a été remis par Mlle Marguerite Faujanet deux os fracturés par le milieu qui, réunis, forment le *tibia* de la jambe gauche; lesquels ayant été réprésentés par nous à M. Gamot, curé actuel de Belvès, ils ont été reconnus par mon-dit sieur curé pour être les reliques de saint Sacerdos, jadis exposées à la vénération publique dans l'église cathédrale de Sarlat, conformément à la déclaration qu'il en a donnée et aux lettres explicatives qu'il nous a écrites à ce sujet et qui sont annexées au présent procès-verbal.

———

Puis ont successivement comparu devant nous :

1° François Vau, bedeau de l'église, âgé de 76 ans, jadis employé au service de la cathédrale, qui, ayant été interpellé par nous s'il reconnaissait les deux os à lui représentés, nous a affirmé les reconnaître, pour les avoir vus exposés anciennement dans la châsse de saint Sacerdos ; et n'a signé sa déposition pour ne savoir, de ce par nous requis.

LAROUVERADE, commissaire.

———

2° M. Louis Andant, agé de 61 ans, ancien prébendé de la cathédrale, prêtre habitué de l'église paroissiale, qui a affirmé reconnaître les susdits ossements pour être ceux qu'on vénérait publiquement dans la châsse de saint Sacerdos, et a signé.

ANDANT, prêtre.
LAROUVERADE, commissaire.

———

3° M. Michel Vernet, ancien prébendé de la cathédrale et depuis prêtre habitué de l'eglise paroissiale, qui nous a affirmé reconnaître les susdits ossements pour être les reliques de saint Sacerdos anciennement exposées à la véné·ation publique des fidèles. Et a signé sa déclaration.

VERNET, prêtre.
LAROUVERADE, commissaire.

4° Le sieur Mathurin Géraud, orfèvre, agé de 70 ans, qui nous a déclaré avoir été commandé dans le cours de la révolution pour enlever l'argenterie des reliques et les lames d'argent qui couvraient la châsse de saint Sacerdos (laquelle était de bois d'ébène), avoir touché et examiné les reliques. Il a parfaitement reconnu les deux ossements qui reposaient sur un petit coussin en étoffe cramoisie, et attachés l'un à l'autre par un petit ruban de même couleur. Le plus gros ossement a particulièrement et au premier coup d'œil fixé sa reconnaissance; mais en reconnaissant l'un on reconnait l'autre, parce que, en les rapprochant, on voit clairement que ces deux os fracturés vers le milieu de la longueur ne forment qu'un seul os; savoir le *tibia* de la jambe gauche.

Le sieur Mathurin Géraud, nous a affirmé avoir vu sous le susdit coussin l'authentique qui était écrite en latin ou en italien, portant sur un de ses bouts un cachet de cire jaune et un cachet de cire rouge.

Le déposant nous a dit avoir détaché quelques parcelles des reliques aux deux extrémités de l'os.

Le déposant a ajouté qu'il y avait encore sous le susdit coussinet dans une excavation pratiquée à cet effet dans la châsse, le procès-verbal de translation des susdites reliques de leur châsse ancienne dans la nouvelle qui était plus ornée. Dans lequel procès-verbal il se rappelle avoir lu et reconnu entre autres noms des signataires, celui du sieur Fragest, bourgeois de la ville; et a signé.

GÉRAUD.

LAROUVERADE, *commissaire.*

A la suite de la reconnaissance des susdits ossements par François Vau, premier déposant, il nous a demandé : y a-t-il sur un des ossements un très-petit papier avec de l'écriture ? Et, en effet, nous y avons trouvé les restes d'un petit papier de trois lignes de largeur, sur le premier bout duquel est la lettre T précédée du fragment d'une autre lettre indéterminée. Le morceau de papier intermédiaire entre les deux susdites lettres ainsi que l'écriture qu'il contenait n'ont pas été recouvrés. Il n'est pas inutile de rappeler que dans sa légende ainsi que dans le langage du pays saint Sacerdos y a plusieurs noms : ceux de Sardou, Sardoc, Sardot, Sardos.

Dont et de ce que dessus et des autres parts nous avons dressé le présent procès-verbal que nous certifions véritable, pour valoir à telles fins que de raison.

Sarlat, le 10 septembre 1819.

LAROUVERADE, *curé archiprêtre*
de la ville de Sarlat, *commissaire.*

SUPPLÉMENT.

A comparu M. Pomarel, prêtre habitué de la paroisse, qui nous a affirmé que la dame Fauxjanet lui avait dit nombre de fois : J'ai bien chez moi les reliques de saint Sacerdos, mais on ne les aura qu'après ma mort. Et a signé sa déposition.

POMAREL.

Au sujet de la translation desdites reliques dans la nouvelle châsse, il n'est pas hors de propos de dire ce qui y donna occasion.

L'ancien reliquaire, petit et en forme de buste, était habituellement exposé sur les gradins du maître-autel de la cathédrale ; et il arriva qu'un enfant des meilleures maisons de la ville, le jeune Philopal, dans un moment où il n'y avait personne dans l'église, fut prendre les reliques sur l'autel et les porta dans la maison paternelle : Rumeurs, et perquisitions au sujet de l'enlèvement de ces reliques, elles furent trouvées dans ladite maison ; le chapitre s'y transporta en procession et elles furent placées dans une armoire pratiquée dans le mur et renfermées dans une châsse d'ébène recouverte de lames d'argent et fermant à clef.

———

DÉCLARATION donnée par M. Gamot, curé de Belvès, ci-devant curé de Sarlat, au sujet des Reliques de saint Sacerdos et d'autres reliques renfermées dans la châsse de ce saint évêque; et lettre de M. Gamot sur le même sujet.

———

Je, soussigné, déclare en mon âme et conscience, reconnaître l'ossement que m'a représenté ce jourd'hui M. Larouverade, curé de Sarlat, et qu'il m'a dit être l'os *tibia* de la jambe gauche, fracturé vers son milieu, je le reconnais dis-je autant que je puis m'en rappeler pour l'avoir vu dans la châsse de saint Sacerdos portant le nom de ce saint évêque, et pour l'en avoir extrait dans le dessein de le soustraire à la profanation lors de la fermeture de l'église de Sarlat, et pour l'avoir fait remettre par une personne de confiance à une dame pieuse (la veuve Fauxjanet), dont après sa mort la famille en a fait la remise à mondit sieur curé de Sarlat à sa demande, à mon invitation, à ses instances et aux miennes, et sur les renseignements que je lui avais transmis.

Je déclare en outre qu'il y avait à ma connaissance dans la susdite châsse de saint Sacerdos une petite parcelle de la sainte Croix dans un reliquaire d'argent en forme d'ostensoir, plus un ossement de saint Bonnaventure, de forme ronde, de la longueur à peu près de trois pouces, et autres diverses reliques dont je ne me rappelle ni le nom, ni la forme, ni les proportions.

J'avais réuni le tout en un seul paquet recouvert de trois papiers ficelés et cachetés sur les nœuds et bouts de la ficelle, et le tout fut remis de ma part à la susdite dame veuve Fauxjanet.

En foi de tout quoi, signé à Sarlat, le 22 juillet 1819.

J.-B. GAMOT, *curé de Belvès.*

Lettre de M. Gamot, ancien curé de Sarlat.

Belvès, le 11 juin 1816.

Monsieur,

Sur mon refus constant de cesser l'exercice de mes fonctions dans l'église de Sarlat, le comité révolutionnaire me menaçait de m'envoyer en réclusion. Pour me soustraire aux poursuites de ce tribunal et pour mettre ma délicatesse à couvert, la municipalité de Sarlat arrêta que les portes de l'église seraient provisoirement fermées et que les clefs en seraient remises à la mairie. M. Geraud s'empressa de me donner connaissance de cet arrêté; alors je pris mes moyens pour mettre le saint Sacrement en un lieu décent et pour enlever les reliques qui étaient en ma disposition.

Je me rappelle, monsieur, que je fus surpris dans cette derniere opération, et que, dans cette agitation, le temps ne me permit pas de tout enlever. Quoiqu'il fût plus de dix heures du soir, la sacristie se remplit de tous ces .... : je n'eus rien de plus pressé que de m'évader pour éviter d'être le témoin des indécences qui s'y commirent. Retiré chez moi, je fis deux paquets de ces reliques, et, comme ma maison n'était pas un lieu de sûreté, j'en fis la remise à madame Fauxjanet, en qui j'avais reconnu de la piété et beaucoup de discrétion.

Lorsque les portes de nos églises furent rouvertes, M. Simian me demanda des renseignements sur le sort de ces reliques. Je lui répondis que madame Fauxjanet lui en rendrait compte. Cette dernière nia le fait. Par son refus, je fis le voyage de Sarlat pour lui en rappeler le souvenir; mes démarches furent infructueuses; elle me soutint n'en avoir jamais entendu parler.

Aujourd'hui, monsieur, que vous avez découvert une partie de ce dépôt dans les coffres de madame Fauxjanet, il faudrait faire faire de nouvelles recherches dans les armoires de cette dame; il est à présumer qu'elle n'en a fait aucun usage, et que le second paquet pourra se trouver entre son linge ou ses habits.

Voilà, monsieur, tous les renseignements que je puis vous donner; reportez-vous à ce temps de trouble et vous verrez si j'ai pu mieux faire. Je fus arrêté le lendemain de cette spoliation, et lorsque j'eus obtenu ma liberté, je me retirai à Belvès pour y attendre que la paix fut rendue à l'église, et c'est alors qu'il fut question de ces reliques entre M. Simian et moi.

Il est pourtant vrai que si vous pouviez découvrir le second paquet, renfermant plusieurs reliques, quoique moins volumineux, je pense qu'il me serait facile de les distinguer. Je suis fâché de ne pouvoir pas vous en dire davantage.

J'ai l'honneur d'être avec un respect infini, monsieur, votre très-humble et très-obéissant serviteur,

J.-B. Gamot, *curé.*

P. S. Je me souviens encore que les deux paquets étaient pliés en un seul, cacheté avec une note indicative des reliques.

ORDONNANCE *épiscopale de Mgr l'évêque d'Angoulême, concernant les Reliques de saint Sacerdos, évêque de Limoges et patron de l'ancien diocèse de Sarlat.*

———

Nous, DOMINIQUE LACOMBE, etc., évêque d'Agoulême,

Sur le rapport de notre vicaire-général, notre conseil entendu ;

Vu l'enquête faite par M. de Larouverade, curé de Sarlat, sur la commission à lui donnée par notre pro-vicaire-général, M. de Geouffre Lapradelle, chanoine de la cathédrale de Saint-Pierre d'Angoulême, aux fins de procéder au recouvrement et à la reconnaissance des saintes Reliques de saint Sacerdos, évêque de Limoges et patron de l'ancien diocèse de Sarlat, déplacées et dispersées dans le cours de la révolution, comme aussi aux fins de recevoir les dépositions des personnes distinguées par leur piété et leur zèle pour le bien et l'intérêt de la religion, propres à constater leur authenticité ;

Vu l'interrogatoire des témoins et leurs déclarations respectives qui s'accordent sur la reconnaissance et l'authenticité desdites reliques de saint Sacerdos ;

Enfin, après un mûr examen et nous étant bien convaincu de la vérité des exposés comme des faits relatés dans l'enquête faite et signée par le commissaire nommé ;

Nous avons ordonné et ordonnons ce qui suit :

Art. 1ᵉʳ. Les Reliques de saint Sacerdos, évêque de Limoges et patron de l'ancien diocèse de Sarlat, seront recueillies et placées dans une châsse décemment ornée.

Art. 2. Le clergé de la ville de Sarlat sera invité par le curé de la paroisse à se réunir à lui pour aller au lieu où se trouvent déposées lesdites Reliques, et pour les transporter processionnellement, avec grande pompe et solennité, dans l'église paroissiale.

Art. 3. Lesdites Reliques resteront exposées pendant trois jours à la vénération des fidèles et seront placées ensuite dans le lieu qui leur est destiné, lequel doit être préparé avec toute la décence possible.

Art. 4. Nous permettons que le jour fixé pour la translation des Reliques, il soit donné dans l'église paroissiale la bénédiction du Saint-Sacrement après vêpres et le sermon, si quelqu'un de nos coopérateurs veut bien prêcher ce jour-là.

Art. 5. Le jour de la cérémonie sera fixé par notre pro-vicaire-général résidant à Sarlat.

Art. 6. L'anniversaire de cette translation aura lieu dans la suite et sera célébré le jour qui correspondra à celui qui sera fixé par notre pro-vicaire-général pour ladite cérémonie.

Fait et donné à Angoulême, en notre palais épiscopal, le 27 février an 1820 de Notre-Seigneur Jésus-Christ.

Signé, † DOMINIQUE, *évêque d'Angoulême*.

PROCÈS-VERBAL *de la translation faite le 6 du mois de mai* 1821.

———

Nous, soussigné, curé de Sarlat, après avoir convoqué tout le clergé de la ville, accompagné des autorités, nous sommes rendu processionnellement à la Manufacture, lieu où étaient déposées les saintes reliques de saint Sacerdos, et en avons fait la translation dans l'église paroissiale avec tout l'ordre et la pompe possibles, et, après les avoir laissées exposées pendant huit jours à la vénération des fidèles dans ladite église, nous les avons enfermées dans la niche de la chapelle qui leur était destinée.

En foi de quoi ont signé avec nous.

Signé : DE LOQUEYSSI, ancien vicaire-général du diocèse de Sarlat ; JOBARÈS, vicaire ; XAVIER DE GRÉZEL, prêtre ; ANDANT, prêtre ; DE GISSON, président de la fabrique ; DAVID, trésorier ; tous présents à la cérémonie.

Fait à Sarlat, le 14 du mois de mai 1821.

DE LAROUVERADE, *curé.*

———

AUTORISATION *donnée par Mgr de Lostanges,* évêque de Périgueux.

———

Nous, ALEXANDRE DE LOSTANGES, par la miséricorde, etc., évêque de Périgueux,

Déclarons avoir vu et examiné le procès-verbal qui constate l'authenticité des Reliques de saint Sacerdos, évêque de Limoges et patron de l'ancien diocèse de Sarlat. En conséquence, nous en permettons l'exposition.

Fait à Sarlat, le 16 janvier 1822.

Signé, † ALEXANDRE, *évêque de Périgueux.*

FIN DES NOTES.

APPENDICE.

Par la publication de ce troisième volume, nous aurons donné les *Vies* de dix de nos saints du Périgord. Avec la vie de saint Sour nous avons eu les *Vies* de saint Amand et de saint Cyprien, et avec la vie de saint Front les *Vies* de ses quatre disciples, les saints martyrs Frontaise, Séverin, Sévérian et Silain; et aujourd'hui avec la vie de saint Sacerdos nous donnons la *Vie* de sainte Mondane. Tout ce que l'on sait des saints Amand, Cyprien, Frontaise, Séverin, Sévérian, Silain et de sainte Mondane, nous l'avons dit dans les trois grandes vies de

saint Sour, de saint Front et de saint Sacerdos.
Nous continuerons notre tâche, qui est de repro-
duire les *Vies* de tous nos saints, et déjà de
nombreux matériaux sont recueillis pour la *Vie*
du bienheureux Pierre Thomas.

La publication de la *Vie* de saint Front, en
1861, souleva les susceptibilités des derniers
rejetons, grâce à Dieu peu nombreux, des scep-
tiques et des *dénicheurs* de saints du XVII° siècle. Ils jetèrent les hauts cris contre cette affir-
mation :

> *Saint Front fut l'un des soixante-douze*
> *disciples de Jésus-Christ, et fut envoyé*
> *dans le Périgord par saint Pierre.*

M. l'archiviste du département se fit l'écho
de tous ces cris et en devint l'éditeur responsable ; ce qui nous valut un curieux chapitre
d'histoire, intitulé : *Établissement du Chris-
tianisme en Périgord.* Dans ce travail, dont le
plus grand mérite était celui d'une singulière

nouveauté, M. l'archiviste affirma, sans en donner aucune preuve, que *non-seulement saint Front*
n'avait pas été le premier évêque de Périgueux,
mais même n'avait jamais été revêtu de l'autorité
épiscopale, qu'il n'avait été qu'un simple moine,
vivant au Vᵉ siècle. Tous les esprits sérieux durent être étonnés d'une pareille assertion. Dire
que saint Front n'aurait vécu qu'au Vᵉ siècle,
c'était déjà une nouveauté bien étrange ; jusqu'a-
lors les adversaires de son apostolat lui avaient
fait les honneurs du moins du IIIᵉ siècle. Mais
dire que saint Front ne fut pas le premier évêque de Périgueux, lui nier même sa qualité
d'évêque, dire qu'il ne fut qu'un simple moine
ou solitaire du Vᵉ siècle, c'était là une hardiesse
qui surpassait tout ce que l'imagination pouvait
concevoir de plus excentrique. On ne pouvait
que rire d'une pareille assertion ; c'est ce que
l'on fit, et nul ne songea à réfuter les arguments de M. l'archiviste. Seulement M. l'abbé
Dion en indiqua l'étrange nouveauté, et quel-

ques expressions peu courtoises, dont M. l'archiviste s'était servi en parlant de notre *Vie de Saint Front,* furent relevées par nous dans une *Lettre* que tout le monde voulut lire. Notre ouvrage était entre les mains du public; chacun pouvait juger si nous avions bien établi et démontré la tradition au sujet de l'apostolat de notre Saint au Ier siècle. Nous devions attendre que les hommes compétents eussent formulé leur jugement. Ces hommes ont parlé, et aujourd'hui nous livrons au public leurs appréciations en réponse à M. l'archiviste.

1° *Jugement de Mgr Baudry, évêque de Périgueux.*

Mgr Baudry, avant de venir s'asseoir sur le siége épiscopal de Périgueux, avait étudié sérieusement la question de l'apostolat de saint Front au Ier siècle. Il disait dans sa *Lettre pastorale de prise de possession :* « Les traditions qui » rattachent la suite de ses pontifes (de l'église

» de Périgueux) à saint Front et saint Front à
» saint Pierre, disciple de Jésus-Christ, ont ré-
» sisté à toutes les discussions de la critique, et
» aujourd'hui, plus respectées que jamais, elles
» obtiennent l'adhésion des plus graves esprits. »
Puis, le savant prélat, pour rendre plus éclatant
son témoignage et en perpétuer le souvenir, faisait entrer dans ses armes le fait qui caractérise
le mieux l'apostolat de saint Front : la résurrection de saint Georges au contact du bâton de
saint Pierre, donné à notre Saint. Désignant
saint Georges, il dit : *Baculo Petri redivivus ;* et
parlant des deux saints, Georges et Front, il
consacre par ces mots leur qualité de disciples
de Jésus-Christ : *Cum filio Dei erant.*

Avec cette étude qu'il avait faite de nos traditions, d'où était résulté une conviction intime
de l'apostolat de saint Front au Iᵉʳ siècle,
Mgr Baudry nous écrivait le 3 janvier 1862 :
« J'ai lu la *Vie de Saint Front* et j'en ai été très-

» satisfait. Je suis heureux de voir le succès de
» ce beau travail ; je n'en avais jamais douté. »

2° *Jugement de Mgr Dabert, évêque de Périgueux.*

Mgr Dabert, avant d'être évêque de Périgueux, avait aussi étudié la question de l'apostolat de saint Front au Ier siècle, et dans la *Lettre*
pastorale qu'il nous envoya avant d'arriver parmi
nous, il nous disait à tous : « Nous connaissons
» les traditions vénérables de votre église ; elles
» lui assurent un rang parmi celles qui ont la
» gloire incomparable de remonter aux temps
» apostoliques. Égarée un moment par des tex-
» tes mal compris, la critique a pu se mépren-
» dre sur la véritable origine du premier Apôtre
» de vos contrées ; mais une étude plus appro-
» fondie des monuments de votre histoire reli-
» gieuse a démontré que saint Front fut vrai-
» ment, dans votre pays, l'envoyé direct du
» prince des Apôtres. » Puis le prélat renvoie,

comme *confirmatur* de ce qu'il avance, à notre *Vie de Saint Front*.

3° Jugement de Son Eminence le cardinal Donnet,
archevêque de Bordeaux.

Dans une lettre en date du 5 avril 1862, l'éminent cardinal nous disait :

« Votre œuvre était trop belle, monsieur le curé, pour
» n'être pas encouragée par les dignes successeurs de saint
» Front sur le siége de Périgueux. Aussi vous a-t-elle valu
» les paroles les plus flatteuses, tant de Mgr Georges, de si
» regrettable mémoire, que du savant prélat (Mgr Baudry)
» que Dieu vient de donner à votre diocèse. Ces voix si bien
» autorisées vous ont dit ce que votre œuvre a de bon, l'inté-
» rêt particulier qu'elle inspire au clergé, aux simples fidèles ;
» elle contribuera puissamment à étendre le culte de saint
» Front. Je ne puis que m'associer aux éloges que vous avez
» déjà reçus ; votre travail m'a frappé par la noble simplicité
» du style, par sa clarté et par les réflexions pieuses qui
» accompagnent les faits. *Votre introduction est une véritable*
» *démonstration*, et, en vous lisant, on ne peut plus avoir de
» doute ni sur le DISCIPULAT DE SAINT FRONT, NI SUR LA MIS-
» SION CONFIÉE A LUI PAR SAINT PIERRE D'ÉVANGÉLISER LES
» GAULES. »

4° Jugement de M. l'abbé J. Sagette, ancien pro-
fesseur de rhétorique, si avantageusement connu
par plusieurs savantes et pieuses publications.

(Extrait du journal *le Périgord*, n° du 20 octobre 1861.)

« La *Vie de saint Front* était attendue ; c'est une épreuve,
pour un livre, d'être attendu ; c'est une épreuve souvent re-
doutable, quelquefois funeste. Mais, lorsqu'il satisfait les
désirs et réalise les espérances, comme celui dont nous parlons, c'est une preuve que l'ouvrage est bon et le livre bien
fait. Déjà la *Vie de saint Sour,* du même auteur, avait été
reçue avec un charme d'étonnement et de joie. A ce récit,
pieux et poétique comme la légende, sérieux et soutenu
comme l'histoire, on reprenait goût aux origines de la vie
monastique et de la sainteté dans notre province ; on
s'intéressait vivement à la merveilleuse histoire d'un pieux
solitaire dont le souvenir était resté concentré sur les bords
escarpés qu'il habita, comme une fleur de solitude. Cette
œuvre d'hagiographie, préparée avec science, écrite avec foi,
dans l'effusion de la piété filiale, dans un style ému, d'une
élégante sobriété, d'une simplicité naturelle ou du moins re-
trouvée sans être recherchée ; cette œuvre, on peut bien le
dire pour ceux qui ne connaissaient pas l'auteur, avait étonné,
puis intéressé, finalement charmé. C'était une œuvre sérieuse,
préparée par de longues études et d'intelligentes recherches,
écrite sur les lieux mêmes qu'habitait le saint, et comme sous
l'influence de la tradiion de vertus et de miracles qui se con-
serve autour des saints tombeaux, des pieuses reliques et

des vénérables monuments. On devait donc attendre de
l'auteur de la *Vie de saint Sour* une *Vie de saint Front*
aussi sérieuse, aussi laborieusement composée, aussi savam-
ment disposée, aussi pieusement émue, aussi convenablement
écrite. C'était beaucoup attendre. L'attente n'est point trom-
pée, et la *Vie de saint Front* vient réjouir, non pas seulement
la vieille église du Périgord, le clergé, les fidèles qui reconnaissent en saint Front leur père dans la foi, mais encore tous
les curieux amateurs et tous les pieux chercheurs de traditions et d'antiquités, tous ceux qui s'intéressent aux vieux
monuments, aux vieilles légendes, aux restaurations de l'art
et de l'histoire, de la liturgie et de l'hagiographie.

» Nous parlons de légendes. A Dieu ne plaise que la vénérable et désormais incontestable tradition qui nous a transmis
l'origine et l'apostolat, les prédications et les miracles, la vie
et la mort de saint Front, soit pour nous une légende, au sens
plus ou moins poétique et vague du mot. Elle est pour nous
aussi certaine que l'histoire, aussi chère qu'un patrimoine,
aussi précieuse que l'incomparable honneur d'être évangélisés
par un disciple même du Sauveur, envoyé par saint Pierre,
et de nous rattacher ainsi par des liens immédiats au centre
de l'unité, à la source même de l'apostolat et de la vérité.
Nous devons donc à M. l'abbé Pergot la restauration complète
de nos origines apostoliques; restauration pressentie et devi-
née, commencée même et comme déblayée par des travaux
antérieurs, modestes et solides, mais restauration désormais
définitive dans la vie de saint Front. Nous devons au savant
auteur une reconnaissance d'autant plus vive que notre patrimoine était diminué; archéologues et savants, fidèles enfants
et derniers descendants de notre père dans la foi, quand
même à défaut du patriotisme de l'Eglise nous n'aurions que
le patriotisme de notre province, nous devons un hommage à

l'historien de saint Front. Par lui, nous accomplissons la parole de l'Apôtre et nous rentrons en possession des traditions qui nous furent enseignées. *Tenete traditiones quas dedicistis.* (II Thess. ii, v. 15.)

» Mais il faut bien, en quelques mots, suivre les principales lignes de cet ouvrage intéressant. L'auteur fait précéder son récit d'une longue et savante *introduction;* point trop longue cependant et suffisamment savante. Il rétablit sur leurs bases historiques les *Actes de saint Front* tels qu'ils furent conservés dans notre Eglise par la plus constante et la plus vénérable croyance, par les plus antiques et les plus singuliers monuments, jusqu'à cette dernière secte de faux savants et de faux catholiques, qui saccagea nos églises, nos saints, nos légendes, notre liturgie avec une fureur à peine égalée par les iconoclastes de la Révolution. C'est maintenant une vérité pleinement historique : la foi fut prêchée dans les Gaules dès le temps des Apôtres. L'auteur cite à ce sujet un passage prophétique d'Abdias, qui ne peut avoir qu'une valeur d'interprétation; il discute avec la science de l'abbé Faillon et l'autorité de l'abbé Arbellot, le passage si souvent cité de saint Grégoire de Tours, qui reculerait jusqu'à Dèce la première mission dans les Gaules des prédicateurs de l'Evangile. Ce passage, s'il était authentique, serait une contradiction de l'historien des Francs; mais la science y soupçonne à bon droit une interpolation. Après avoir dégagé cette première vérité, l'historien de saint Front établit, par une série de témoignages écrits et de monuments incontestables, qui remontent sans interruption ni contradiction jusqu'au premier siècle de l'ère chrétienne, que saint Front fut l'un des soixante-douze disciples choisis par Jésus-Christ, et qu'il reçut sa mission de saint Pierre. L'auteur remonte du premier siècle jusqu'au siècle dernier, où fut malheureusement abandonnée notre vénérable tradition; et, chemin faisant, il touche, pour les consolider et les dégager, tous les anneaux de cette chaîne de témoignages. Il explique parfaitement la confusion que Gauzbert, chor-évêque de Limoges, fit au xe siècle, des actes de saint Front, évêque de Périgueux, avec les actes de saint Front, abbé de Nitrie; confusion qui se peut mieux attribuer à l'inadvertance d'un copiste qu'à l'ignorance de Gauzbert. La démonstration est claire, rigoureuse et complète, satisfaisante même pour les plus difficiles en fait de réhabilitations historiques : elle nous rétablit en possession dix-sept fois séculaire de la plus noble origine, de la croyance la plus certaine et la mieux établie : saint Front, disciple de Jésus-Christ, envoyé par saint Pierre, prêche l'Evangile dans l'antique cité de Vésone.

‹ Mais ici, vers la fin du dix-septième siècle, nous aurions voulu quelques développements, ou, du moins, quelques explications sur cette révolution qui nous dépouilla de nos origines apostoliques, en troublant toutes les sources historiques, bouleversant toutes les traditions, ébranlant tous les monuments. L'auteur ne veut pas, dit-il, « discuter la valeur du système de Launoy, qui manque à toutes les règles de la critique. » En effet, il ne devait pas se détourner pour une attaque en règle contre ce système aujourd'hui ruiné, discrédité, condamné par la science sérieuse et convaincue; mais nous aurions aimé entendre dire, une fois encore, leur fait à ces dénicheurs de saints; jansénistes hypocrites et protestants, cachés sous la robe du prêtre et la coule du moine; nous aurions aimé les voir pris en flagrant délit d'ignorance ou de mauvaise foi par un véritable hagiographe savant et respectueux, qui ne redoute pas la vérité, mais qui ne sait pas renier ses pères et livrer son patrimoine pour capter d'indignes suffrages, et se faire un renom d'indépendant. Nous

aurions aimé, du moins, plus de détails sur cet abandon de
nos plus beaux titres de gloire, sur cette ruine de notre ma-
gnifique et pieuse liturgie.

« Puisque nous y sommes, complétons ce *desiderata* de la
critique. Avec un auteur comme M. Pergot, on peut être exi-
geant, excessif même. Son œuvre n'en sera pas diminuée ;
d'ailleurs, il aurait, sans doute, de bonnes raisons à donner
pour justifier le plan et le dessin, les proportions et les détails de sa composition ; et sa meilleure défense est son œuvre
même, plus parfaite et plus durable, telle qu'il l'a conçue et
exécutée. Mais nous devons ajouter quelques mots pour l'ac-
quit de notre conscience de critique ; nous aurions voulu, dans
l'introduction, quelques notions sur l'état de la Gaule au premier siècle, sur les divisions administratives des Romains, qui
servirent comme de cadre aux divisions hiérarchiques de l'Eglise,
et sur le rang qu'occupait Vésone parmi les villes de l'empire ;
nous aurions désiré quelques détails sur le territoire occupé
par les Petrocores, sur leur religion, mélange de druidisme et
de polythéisme hellénique ; sur leurs mœurs et leur civilisa-
tion. Dans ce cadre ainsi tracé, la figure du saint Apôtre eut
brillé d'un éclat historique plus saisissant. Dans Vésone, l'antique cité gallo-romaine, dans Vésone reconstruite, avec ses
édifices, ses thermes, son cirque, ses temples, son forum, et
c'eût été facile avec le savant ouvrage de Taillefer et les ré-
cents travaux de nos savants Périgourdins, nous compren-
drions mieux la puissance évangélique de saint Front, et nous
admirerions davantage les ardeurs de son zèle et les victoires
de son apostolat. *incitabatur...* Ainsi, nous ne rencontrerions
pas des noms germains et francs comme Chilpéric et Sigis-
bert, sans nous expliquer comment, trois siècles avant les
invasions, ces noms se trouvent parmi les Gallo-Romains ; et
nous nous expliquerions plus facilement ces infiltrations de

barbares dans les armées et les administrations romaines,
avant l'établissement des Francs et des Visigoths dans nos
provinces centro-méridionales. Quoi qu'il en soit, cette introduction est un bon morceau d'histoire. Après les travaux des
Faillon et des Arbellot, il était plus facile, sans doute, d'établir cette thèse historique, et de trouver des armes dans
leurs puissants ouvrages pour venger nos traditions : mais il
fallait choisir, dégager, composer les documents, compulser,
étudier les historiens et conduire les esprits attentifs et con-
vaincus à cette conclusion désormais rigoureusement historique : Saint Front, disciple de Jésus-Christ, envoyé par saint
Pierre, est l'Apôtre et le fondateur de l'église de Périgueux.

» Passons rapidement, malgré le charme qui nous retient, à
travers la vie même de saint Front : elle est racontée avec la
simplicité pleine de foi de nos vieux légendaires. Le récit
chemine par une voie toute frayée, débarrassée de tous les
obstacles et de toutes les objections d'une science incomplète
et chagrine ; il s'avance des champs de la Judée à Antioche,
la capitale de l'Orient, d'Antioche à Rome, la capitale du
monde chrétien, de Rome à Bolsène, où l'apôtre ressucite
saint Georges, son compagnon et son ami ; de Bolsène dans
les Gaules au pays des Vélaunes ; enfin il descend et s'arrête
à Vésone. C'est le terme de la mission évangélique de saint
Front : c'est là que notre grand Apôtre fonde une grande et
féconde église par sa parole, ses miracles et ses vertus. Mais
la persécution pousse bientôt saint Front à travers la Gaule :
le pieux récit accompagne ses pas à Bordeaux, puis dans le
Bauvaisis. L'auteur s'arrête ici pour décrire un manuscrit
gothique qui contient l'office et la légende de notre saint,
comme nous les lisions autrefois. Il décrit le beau manuscrit
avec complaisance : mais quel archéologue n'en mettrait une
plus grande encore, avec un enthousiasme plus verbeux, pour

décrire une moindre découverte? Le récit fait encore une pieuse station à Neuilly-Saint-Front, dans le Soissonnais, pour y recueillir le souvenir restauré de saint Front avec les traces et les reliques du saint. Puis, nous suivons dévotement les deux amis, saint Front et saint Georges, qui se retrouvent une dernière fois pour aller rendre visite à sainte Marthe, que saint Front reviendra bientôt ensevelir, lui-même, avec notre divin Sauveur en personne. Et nous revenons, avec le saint Apôtre, à Vésone, la chère église qui doit recevoir son dernier souffle et garder ses reliques. C'est là que nous le voyons mourir de cette mort des saints, si précieuse devant Dieu.

» Tel est le récit; et maintenant nous arrêterions-nous à signaler quelques lignes inexactes et de détails : Ainsi, ce n'est point le dragon de Lalinde qui est représenté sur un vitrail de la chapelle du Grand Séminaire de Périgueux, mais bien le dragon de Vésone. Mais quoi? c'est si peu de chose dans un volume de cette importance et dans un ouvrage de cette valeur. C'est bien le cas d'appliquer le proverbe classique : *Ubi plura nitent. . non ego paucis...* Le récit, disons-nous, est simple, ému, palpitant quelquefois d'enthousiasme, ma⋅s sans trop se répandre en considérations morales, en effusions mystiques, sans trop s'arrêter en dissertations si ce n'est pour donner les preuves principales des grands miracles, et des longs voyages du saint. Les miracles, même ceux qui semblent les plus petits, s'il y a rien de petit dans les œuvres divines, sont racontés naïvement, avec cette chaleur de conviction, qui se communique, avec cette foi qui résout les difficultés comme elle transporte les montagnes.

Toutefois, dans sa préface, l'auteur semble demander grâce pour les miracles semés sur les pas de l'Apôtre, et dont s'émaille chaque page du récit. Il semble abandonner à la critique les fleurs légendaires, en les réservant pour la poésie. Il

nous semble, tant que l'auteur n'aura pas fait le triage des
fleurs légendaires et des faits historiques, triage bien difficile
à faire, que les éclatantes manifestations du doigt divin, si
nombreuses et si merveilleuses qu'elles soient, sont portées
sur la même base historique et traditionnelle que les grandes
ligues et les principaux miracles de cette vie. Pas plus que
l'auteur, nous ne voudrions rien supprimer de ces prodigieux
détails, mais, pour employer la comparaison, nous n'y verrions pas seulement de gracieux ornements qui parent l'édifice, nous y verrions une merveilleuse végétation de pierre
qui fait corps avec le vénérable monument. — L'auteur clôt
son récit par l'histoire du culte et des reliques de saint Front,
et dans un dernier chapitre, que nous voudrions plus complet
encore, il signale l'influence de notre apôtre sur l'art chrétien.
Il nous représente l'heureuse idée, qui manque de base historique peut-être, mais qui plaît au mystique; il nous représente notre vieille basilique byzantine, restaurée en ce moment, trop restaurée peut-être, car, hélas! que restera-t-il
du merveilleux édifice de Frotaire et de Géraud de Gourdon,
s'élevant avec ses coupoles orientales, comme une protesta-
tion du dixième siècle, pour l'origine de notre Apôtre, contre
les attaques des novateurs? Cette étonnante architecture aurait comme germé des reliques vénérées, sur ce sol béni,
selon la parole prophétique. — *Ut sit memoria illorum in
benedictione et ossa eorum pullulent de loco suo.*

Merveilleuse histoire, pieux récit, livre attachant, lecture
édifiante, qui doit raviver le culte et renouveler la dévotion
pour le saint patron de notre église. Voilà ce qu'un prêtre a
pu faire; dans le fond d'une province, un de nous, quoique
notre maître en hagiographie; voilà ce qu'il a su faire dans la
solitude de son presbytère; solitude féconde, en effet, et
pleine de charmes, au retour des labeurs de la vie pastorale,

solitude remplie d'inspirations, de consolations et de joies,
lorsqu'on a su la dérober aux importuns, aux désœuvrés, et
aux fâcheux. Mais là, le prêtre doit trouver, pour le soutenir
et le nourrir, des encouragements et des livres; les encoura-
ments, M. l'abbé Pergot les a reçus avec un rare bonheur,
mais il faut aussi dire, par un rare mérite, et de Mgr George
de pieuse mémoire, et de Mgr Baudry, son digne successeur :
les livres, il les a rassemblés, consultés et suppléés par des
voyages, des études et des découvertes; il n'a ménagé ni son
temps ni sa sagacité, dépensée par une infatigable activité.
Ainsi s'est faite cette œuvre sérieuse, durable, qui doit avoir
une si grande influence sur le culte restauré de Saint-Front.
Finissons, en manifestant le désir de voir ainsi, par la même
plume, avec la même science, tous nos saints du Périgord res-
titués dans l'intégrité de leur gloire et de leur culte : finissons
en nous unissant au dernier vœu du pieux et savant hagiographe, que le bienheureux saint Front reprenne son titre
d'Apôtre et son office liturgique, dans le Propre du diocèse, si
tristement froid, et dépouillé par la main des liturgistes du
dernier siècle; espérons maintenant que le titre de notre
glorieux Apôtre refleurira dans tout son éclat, touché par le
bâton de Pierre, si dignement porté dans la main de notre
évêque. — *Petri baculo redivivus.* L'abbé JEAN SAGETTE.

5° *Jugement du rédacteur en chef du* MÉMORIAL CATHOLIQUE, *M. L.-F. Guérin.*

(Extrait du n° de septembre 1862.)

« M. l'abbé Pergot a déjà publié une *Vie de saint Sour,*
» ermite et premier abbé de Terrasson. Nous ne connaissons

» point cet ouvrage, et nous ne saurions en parler. Mais sa Vie
» de saint Front nous fait comprendre cette parole que lui
» écrivait son évêque : *Je voudrais que tous les prêtres fissent*
» *comme vous des recherches sur leurs églises et leurs patrons.*
» Oui, quand on fait des recherches comme M. le curé de
, Terrasson et quand on les met si bien en œuvre, on peut
» être proposé comme modèle. Son ouvrage nous paraît aussi
• consciencieux que bien écrit. Dans une savante et intéressante
·» introduction, *il établit fort solidement* ces deux points :
» 1° que l'Evangile fut prêché dans les Gaules du temps des
» Apôtres; 2° *que saint Front fut l'un des soixante-douze dis-*
» *ciples de Jésus-Christ, et reçut sa mission de saint Pierre.*
» Puis vient la *Vie* du Saint Apôtre du Périgord, et l'histoire
» de son culte et de ses reliques; *Vie* traitée à la manière de
» nos meilleurs hagiographes, c'est-à-dire pieusement, sa-
» vamment et avec un véritable amour. Nous ne saurions trop
» louer M. le curé de Terrasson de son beau et excellent
» travail, et l'encourager à remplir la promesse qu'il semble
» faire dans sa *Préface*, celle de donner une *Vie des saints*
» *de l'antique église du Périgord.* Il y a longtemps que nous
» l'avons dit, il n'est pas d'œuvre plus méritoire et plus fé-
» conde en précieux résultats que celle de s'occuper des Vies
» des saints des églises particulières, et c'est un travail qui
» devrait être entrepris pour chaque province ecclésiastique.
» Du reste, il en existe déjà plusieurs, et nous espérons bien
» voir bientôt réaliser complètement le vœu que nous émet-
» tions il y a plus de quinze ans dans le *Mémorial*. »

6° *Jugement de M. le vicomte A. de Gourgues,
inspecteur de la Société française d'Archéologie
pour le département de la Dordogne, correspon-
dant du comité des travaux historiques et des
sociétés savantes au ministère de l'instruction
publique.*

Voici quelques lignes extraites d'une lettre que
M. de Gourgues nous fit l'honneur de nous
écrire :

« Vous avez fait, monsieur le curé, une bonne et belle
» œuvre, et vous l'avez bien faite. Bonne et belle œuvre, car,
» dans ce siècle de lumière, nous sommes tous dans une si
» complète ignorance de ce qui ne s'accomplit pas sous nos
» yeux, et surtout de tous les faits qui touchent à la Religion
» et à l'Eglise, que vous avez créé saint Front pour la plupart
» des habitants de ce pays..... Votre *Introduction* offre un
» grand intérêt. Ce tableau statistique par siècles successifs
» est une argumentation d'une grande force, car c'est la
» chaîne dont les anneaux ininterrompus remontent à la vie
» même de l'Apôtre. Vous avez parfaitement fait de donner
» textuellement le procès-verbal de Pierre de Saint Astier,
» parce qu'il y est établi d'une manière incontestable que
» l'ouverture du tombeau a été faite publiquement, et que
» l'invention des deux plaques portant inscription a été pro-

» clamée du haut de la chaire de la cathédrale, devant Péri-
» gueux entier : ce qui est un obstacle invincible à tout fait
» de supercherie et de pieuse supposition.

  » Je ne me bornerai pas à vous féliciter, monsieur le curé,
» du succès mérité qu'obtient votre *Saint Front*. Vous avez
» fait beaucoup de recherches, vous avez suivi les pas de
» l'Apôtre dans tous les lieux où il porta l'Evangile au nord
» de la Gaule, et réuni ainsi *une masse de preuves qui doivent*
» *apporter la conviction dans l'esprit le plus hésitant*. Je vous
» loue grandement de la division que vous avez voulu mettre
» dans la production et la mise en scène de cet ensemble de
» documents. Vous avez séparé la partie d'érudition et de dis-
» cussion d'avec le récit simple et pieux des *Actes* de l'Apôtre,
» pour que cette seconde partie, toute consacrée à l'effusion de
» vos sentiments d'amour pour le père de notre foi, ne fût en
» aucun point troublée par les agitations des hommes ou at-
» tristée par le spectacle de leur incrédulité. *Aux savants*
» *l'Introduction, aux fidèles la Vie de l'Apôtre ; et chacun*
» *trouve ainsi, et sans mélange, la satisfaction qu'il cher-*
» *chait.* »

7° *Jugement de l'Académie impériale des Sciences,*
Belles-Lettres et Arts de Bordeaux.

(Extrait du procès-verbal de la séance du mois de mai 1863.

  « M. Cirot de La Ville fait un rapport sur l'ou-
» vrage de M. Pergot. curé de Terrasson, ayant

» pour titre : *Vie de saint Front, Apôtre, premier*
» *évêque de Périgueux.*

» Il s'exprime ainsi :

« La vie a ses bonnes rencontres. Il y a quelques années,
» vous me mettiez en face de M. Pergot, curé de Terrasson,
» vous offrant sa *Vie de saint Sour,* ermite du Périgord. Je pus
» louer le livre, je pus louer l'auteur : c'était une œuvre litté-
» raire associée au dévouement paroissial.

» Aujourd'hui à votre appel je retrouve le même homme,
» et je pourrais dire aussi le même livre ; les noms sont chan-
» gés. Saint Front a remplacé saint Sour ; nous étions au
» VIe siècle, nous voici au Ier ; nous assistions à la fondation
» solitaire d'une abbaye, nous assistons à la création sanglante
» et agitée d'une tribu chrétienne et de son église. Conditions
» très-différentes et toutes à l'avantage de cette seconde scène ;
» mais d'ailleurs, même style, même goût, mêmes apprécia-
» tions des hommes et des choses. Ce que je dis, messieurs,
» non pas comme blâme, mais bien comme louange pour l'au-
» teur. Son nouveau volume est plus gros de recherches et de
» discussions : il avait à défendre la tradition qui donne à
» plusieurs de nos églises des Gaules une origine apostolique ;
» plus gros de faits : un homme qui passe de l'Orient à l'Oc-
» cident pour importer une doctrine nouvelle, rude, absolue,
» est nécessairement un homme de parole, d'action et de lutte.
» Le volume de M. Pergot s'est encore grossi de planches :
» *Saint Front au tombeau de sainte Marthe, saint Front de-*
» *vant la tour de Vésone, Saint-Front de Périgueux,* attes-
» tent que si les monuments écrits racontent, les pierres, em-
» preintes de caractères non moins merveilleux, disent avec
» autant d'éclat les gloires de l'Apôtre du Périgord.

» Honneur donc à M. Pergot d'avoir cherché avec tant de
» soin, à la suite d'un grand nombre d'historiens de nos jours,
» l'anneau d'or qui lie l'origine de l'Eglise des Gaules à l'ori-
» gine de l'Eglise de Rome. Tandis qu'une école moderne
» s'est obstinée à ne pas le reconnaître, honneur à l'école,
» écho des traditions antiques, qui veut en conserver la gloire
» à la France.

» Merci et louange à M. Pergot. L'Académie voudra bien,
» je l'espère, le redire avec moi, en chargeant son honorable
» secrétaire-général de le répéter en son nom à l'auteur. »

A la suite de cette séance solennelle, M. le
secrétaire-général nous écrivait :

« Bordeaux, le 23 mai 1863.

» *Monsieur Pergot, curé de Terrasson.*

» Monsieur,

» Un rapport très-louangeux de l'ouvrage que vous avez
» adressé à l'Académie lui a été fait par M. l'abbé Cirot de
» La Ville. J'ai reçu mission de vous dire au nom de la Com-
» pagnie : *Merci et louange à M. Pergot.*

» C'est après avoir entendu de son rapporteur des frag-
» ments de la *Vie de saint Front*, que l'Académie a voté cette
» conclusion. Je suis heureux de vous la transmettre, et je
» vous prie d'agréer avec mes félicitations l'assurance de ma
» considération la plus distinguée.

» Costes, *secrétaire-général de l'Académie.* »

8° *Jugement de la Société des Antiquaires de Picardie.*

Rapport sur la *Vie de saint Front*, par M. Charles Salmon (1).
lu à la séance du 24 mars 1863.

Nous ne citerons que quelques extraits de ce rapport qui ne contient pas moins de huit pages in-8° du *Bulletin de la Société.*

« Messieurs,

z M. l'abbé Pergot, curé de Terrasson (Dordogne), a fait
» hommage à la Société d'un de ses ouvrages, ayant pour
» titre : *La Vie de saint Front, Apôtre, premier évêque de
» Périgueux.* Ce livre, fruit de longues et consciencieuses
» recherches, n'est pas aussi étranger à notre Province qu'on
» pourrait le croire au premier abord. Ceux qui ont parcouru
» le Valois connaissent la petite ville de Neuilly-Saint-Front,
» qui, comme la commune de Dom-Front, dans le Beauvaisis,
» a été évangélisée par le saint Apôtre du Périgord. La vie de
» saint Front est donc intéressante pour l'étude des origines
» du Christianisme en Picardie ; c'est ce qui nous a engagé à
» vous présenter un compte-rendu de ce travail qui est à la
» fois une œuvre d'érudition et une œuvre de piété.

(1) M. Salmon est auteur d'une *Histoire de saint Firmin, martyr, premier évêque d'Amiens,* ouvrage riche de bonne littérature, de science et de piété.

» L'ouvrage de M. Pergot peut se diviser en deux parties :
» l'une est la vie proprement dite du saint dont il retrace
» l'histoire, l'autre est la détermination de l'époque à laquelle
» il vécut. Toutes deux se rattachent à l'histoire de notre pro-
» vince, puisque saint Front y vint prêcher l'Evangile. Le
» récit de sa vie est intéressant, puisqu'il nous fait connaître
» les endroits de la Picardie qu'il a parcourus ; la dissertation
» sur l'époque même où il vécut ne l'est pas moins, en nous
» aidant à déterminer l'époque à laquelle la foi chrétienne fut
» prêchée pour 'a première fois dans notre patrie.

» Dans une longue Introduction, qui n'a pas moins de
» 118 pages, l'auteur s'attache à prouver que saint Front fut
» l'un des soixante-douze disciples choisis par Notre-Seigneur,
» qu'il reçut sa mission de saint Pierre, et que cons quem-
» ment on peut lui donner le titre d'Apôtre...... Pour prouver
» cette thèse, M. Pergot commence par établir que l'Evangile
» fut prêché dans les Gaules du temps des Apôtres. Nous
» sommes, on le sait que de reste, parfaitement de son avis
» sur ce point important, mais nous nous sommes demandé
» s'il n'aurait pas pu ici faire un peu économie d'érudition.
» Les travaux de M. Faillon, de M. Arbellot, de dom Piolin
» et d'autres, ont, à notre avis, suffisamment établi l'antiquité
» de l'établissement du Christianisme dans les Gaules......
» M. Pergot aurait pu s'épargner une partie de la peine que
» lui a dû coûter son travail en se bornant à renvoyer aux
» auteurs que nous venons de citer......

» La seconde partie de l'Introduction est consacrée à dé-
» montrer que *saint Front fut l'un des soixante-douze disci-*
» *ples de Jésus-Christ et reçut sa mission de saint Pierre.*
» Cette longue dissertation est parfaitement écrite *et nous pa-*
» *raît concluante.* M. Pergot s'appuie en nombre d'endroits
» sur M. Faillon, qui, dans l'ouvrage que nous citions tout-à-

» l'heure, parle du premier évêque de Périgueux; mais il ne
» faudrait pas conclure de cela que l'auteur de la *Vie de saint
» Front* n'est qu'un copiste; ce serait tomber dans une grave
» erreur. M. Pergot est lui-même un auteur sérieux; il s'ap-
» puie avec raison sur les travaux de ses devanciers; ceux
» qui après lui traiteront des origines de l'église de Périgueux
» profiteront à leur tour de ses recherches, et le suivront
» comme un guide sûr et éclairé. Il apporte à l'appui de sa
» thèse de nombreux documents et nous croyons que quicon-
» que l'aura lu sans parti pris et sans opinion préconçue
» (ce qui pour la question de l'époque de la prédication de la
» foi dans les Gaules est peut-être plus rare qu'on ne le pense),
» admettra complètement sa conclusion.

» Ce n'est qu'à la page 125 que commence la *Vie* propre-
» ment dite de *saint Front*. Elle est bien écrite, d'une lecture
» attachante et instructive; nous n'avons pas à la suivre d'un
» bout à l'autre, nous nous bornerons à ce qui concerne
» l'apostolat de ce saint dans notre Picardie. Les chapitres XV
» et XVI sont consacrés à rapporter ses courses évangéliques
» dans le Beauvaisis, au lieu appelé maintenant Demi-Front
» (dans le canton de Maignelay, Oise), et ensuite à Nogéliac,
» maintenant Neuilly-Saint-Front (Aisne). Ces deux chapitres,
» comprenant 58 pages, sont importants pour l'histoire de
» notre province..........

» M. Pergot, en publiant le livre dont nous venons de donner
» une bien incomplète idée, a donc rendu un véritable ser-
» vice non seulement à ceux qui s'occupent de l'histoire reli-
» gieuse du Périgord, mais à tous les amis de l'histoire ecclé-
» siastique, et on doit lui en savoir gré.

» Si quelques parties, bien minimes il est vrai, de la *Vie de
» saint Front* donnent prise à une légère critique, l'ensemble
» nous paraît digne d'éloges. Ce livre doit être mis à la suite

» des bonnes productions de l'hagiographie contemporaine,
» et il serait à désirer que chacune des églises de France eût
» une Vie semblable du Saint qui fut son fondateur. »

Nous terminerons là nos citations que nous pourrions prolonger encore.

Dieu nous est témoin qu'en publiant cet Appendice nous n'avons pas cherché notre propre louange ; il ne nous en coûte pas de reconnaître que tout autre avec les mêmes documents aurait mieux fait que nous. Ceux qui nous connaissent croiront sans peine qu'en reproduisant ici ces hautes approbations données à notre travail, nous n'avons été mû que par le désir d'apporter dans les esprits de nos confrères et des fidèles de ce diocèse une croyance plus intime à l'apostolat de notre glorieux patron. Nous sommes heureux de pouvoir leur dire avec plus d'autorité que jamais : *Gardez vos traditions,* votre Apôtre fut véritablement le disciple de Jésus-Christ et l'envoyé de saint Pierre ; et ne vous laissez pas éblouir par le faux brillant des sophismes d'une science sceptique, qui n'a pour elle qu'un ton affirmatif et impérieux, indice ordinaire d'une mauvaise cause.

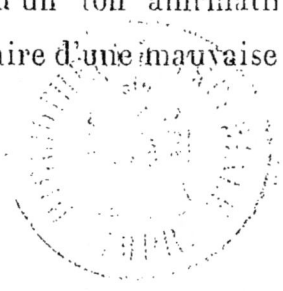

FIN.

TABLE DES MATIÈRES.

ERRATA.

Page 69, ligne 7 : *leur*, lisez leurs. — Page 75, ligne 19 : *cet*, lisez cette. — Page 121, au titre *XIV*, lisez XV. — Page 147, ligne 2 : *en*, lisez ne.

www.ingramcontent.com/pod-product-compliance
Lightning Source LLC
Chambersburg PA
CBHW060029100426
42740CB00010B/1658